UCHIMURA KANZO

BUNKYO-SHA

内村鑑三

人生、
何を成したかより
どう生きるか

解説
佐藤優

天地無始終
人生有生死

天地は永遠で、
始めも終わりもない。
人間には生死があり、
人生には限りがある。

——頼山陽（江戸後期の漢詩人）

はじめに――100年以上、人の心を震わせ続ける言葉

本書は内村鑑三《かんぞう》の名著『後世《こうせい》への最大遺物《いぶつ》』のメッセージを、現代の読者に届けたいという思いから生まれました。『後世への最大遺物』とは、日本を代表する思想家、内村鑑三が、夏休みに若者たちを集めて講演した内容を書き起こしたものです。

題名だけ見ても、何がテーマなのかわからないかもしれません。**実は本書は、今のように世の中に元気がない時代、先が見えない時代、救いのないように思われる時代に、若い人をはじめ、人々がどのように生きていけばよいのかという指針を示した本なのです。**

といっても、何も「上から目線」で、こういうことをすべきである、こういうことを勉強しなさい、こういうことは我慢しなさい、と押し付けているわけではありません。徹底的に弱者の視点に立って書かれた本です。

当時、明治維新後の激動の時代に、自分は決して恵まれているとはいえない状況にあると思っている人たちに向けて、どう生きていけばいいのかを内村は示したのです。

それはまさに今の時代のみなさんに向けて書かれたものといっても、十分通用するものです。海図のない時代に海図を示したのが本書です。具体的な部分は、ジェンダー的偏見や人種差別、帝国主義の肯定など、時代の制約を逃れていない部分があり、そのまま受けとめることができないところもありますが、海図を示すという部分、このように生きればいいのだという方法論自体はまったく古びていません。

まずは前半の『後世への最大遺物』を現代でもわかりやすい言葉遣《づか》いに書き起こしたものから、内村の熱いメッセージを感じてください。後半では、私も内村に倣《なら》って、現代ならきっとこういうことを言ったのではないかという、私なりの具体的な生き方のアドバイスを交えて講演の解説をしています。１００年以上前の講演内容を、現代においてどのように役立てたらよいかのヒントにしていただけたらと思います。

現代は確かに生きづらい時代かもしれませんが、絶望することはありません。**むしろコロナによっていろいろな課題が明確になり、やるべきことがわかりやすくなったとも言えるのです。**

本書を読んだ読者の方々が少しでも励《はげ》まされ、生きていくためのささやかな光を見つけだしてくださることを願っています。

二〇二一年二月　佐藤　優

目　次

1894年7月17日　朝8時
2日目　だれもがのこせる唯一のものがある

『後世への最大遺物』

内村鑑三

現代語訳

ときは明治27年（1894）、
7月16日
今から100年以上前の夏の日

箱根の山で
ある講演会が開かれた

集まったのは
99人ほどの若者たち

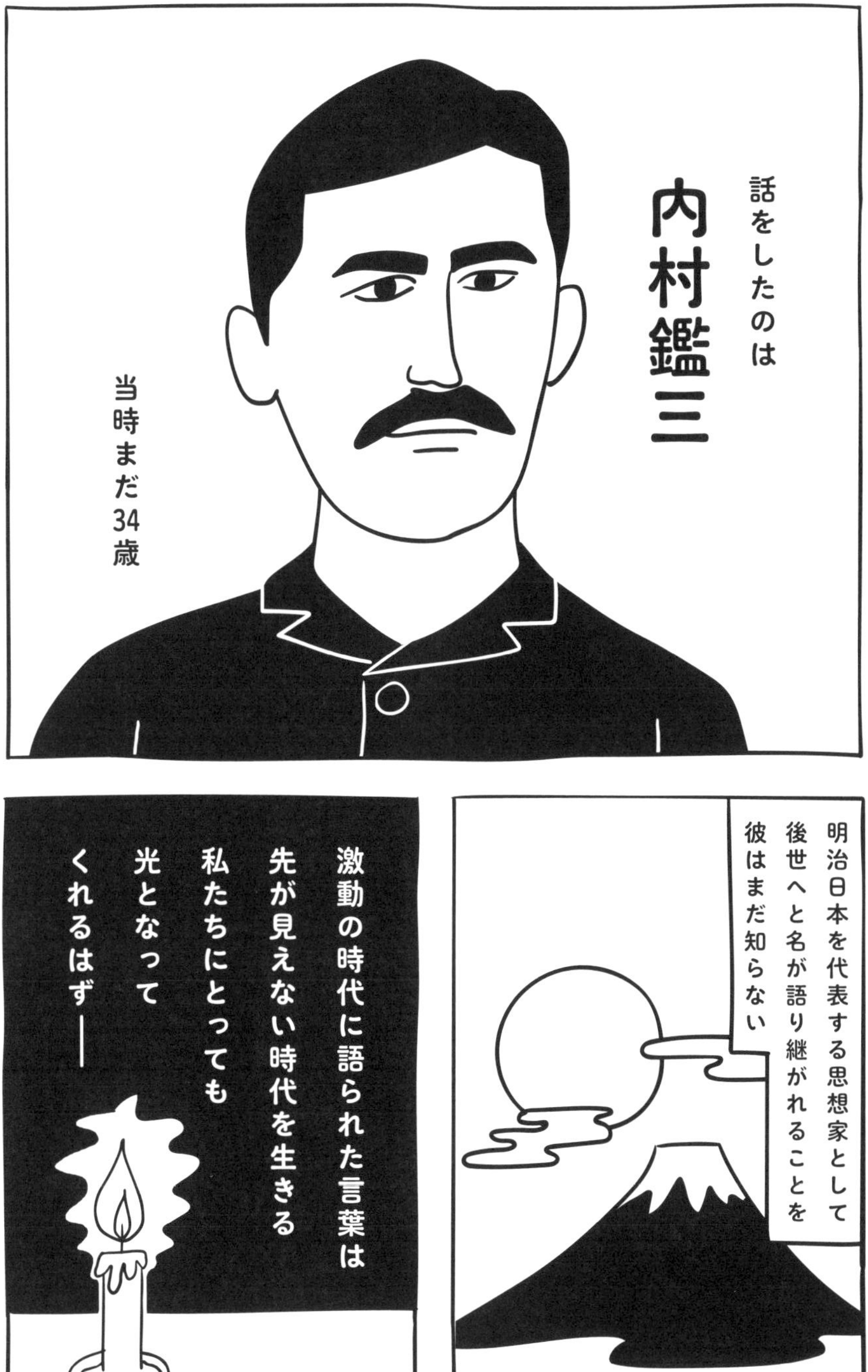

話をしたのは
内村鑑三
当時まだ34歳
明治日本を代表する思想家として
後世へと名が語り継がれることを
彼はまだ知らない
激動の時代に語られた言葉は
先が見えない時代を生きる
私たちにとっても
光となって
くれるはず——

1894年7月16日
夜7時

1日目

のこすべきものは
まずはお金、
次に事業である

若い世代に伝えておきたいもっとも大事なこと

今は夏ですし、ここは箱根山の山上です。ここで、手を振り、足を踏み鳴らし、血をたぎらせて、聴衆のみなさんの熱い心に訴えかけることも、できなくはないでしょう。しかし、そんなことはしたくありませんし、みなさんも私にそんなことをしてほしいわけではないだろうと思います。キリスト教の演説会で演説者が腰をかけて話をするのはたぶん、私という講師が最初なのかもしれません*1（客席爆笑）。しかし、このほうが私の話の目的にかなうなら、私は先例を破って、ゆっくり腰をかけてお話をしてもかまわないと思います。こういう態度を「反抗的な、まるで『破壊党*2』の党員のようだ」とお思いになってもかまいません（拍手喝采《かっさい》）。

私は「後世への最大遺物」（若い世代の人のために、伝えておきたいもっとも大事なこと）という題を掲《かか》げました。このテーマで、私の今まで考

*1　原文は「この講師が嚆矢《こうし》（最初）であるかもしれない」と「講師」と「嚆矢」の掛け言葉になっている。

*2　1891年第一高等中学校の教員だったとき、キリスト教徒だったため、式典で明治天皇の署名した「教育勅語」に最敬礼をしなかったのは、明治天皇に対して無礼だと世間やさまざまな論客から非難された。今でいう「炎上」である。のちに「内村鑑三不敬事件」と言われ、結果的にそのせいで退職せざるをえなくなり、精神的にも追い込まれた。内村は長引く非難のために世間でも有名になっていたので、自分のことを天皇を侮辱するような「破壊党」だとわざと自虐的に言って笑いを取っているのである。

えたことと、今感じていることを全部お話しすると、この夏期学校の予定の一時間より長くなるかもしれません。もし長くてつまらなくなったなら勝手にお帰りになって下さい。私もまた疲れてきましたら、途中で休ませていただくかもしれません。あまり長くなったなら、明朝の一時間も私の担当時間なので、そのときにお話しするかもしれません。今、こんなふうに清らかで静かな場所にいるので、東京や都市部の、聴衆の気が立っている場所でするような騒がしい演説をしたくはありません。私はここでみなさんと、親しい雰囲気の中で、私の思うままに演説し、また、みなさんの質問にも応じたいと思います。

「名をのこしたい」という欲望は悪か

この夏期学校に来るついでに、東京に立ち寄り、そのとき、父と詩の話をいたしました。父は頼山陽《らいさんよう》*3の古い詩の本を出してくれました。私が初め

*3 頼山陽［1780〜1832］江戸後期の儒学者・歴史家・漢詩人・書家。その著『日本外史』は幕末期における歴史観に大きな影響を与えた。

て頼山陽の詩を読んだのは、父からもらったこの本でした。ここに持ってきたのですが、その中に小さいときに私がとても励まされた詩があります。みなさんもご存じの、頼山陽の詩で一番初めに載《の》っている詩です。[*4]

十有三春秋、
逝者已如水、
天地無始終、
人生有生死、
安得類古人、
千載列青史

(十有三《じゅうゆうさん》春秋、逝く者已《すで》に水の如《ごと》し。天地に始終無く、人生に生死有り。安《いずく》んぞ古人に類するを得て、千載青史《せんざいせいし》に列せん。

十三歳になった。これまでを振り返ると、月日は川の流れのように流れ去って、もはや戻ってはこない。天地は永遠で、始めも終わりもない。人

＊4 「癸丑歳偶作《きちゅうのとしぐうさく》」（1793年に、ふと創ってみた漢詩という意味）という題。

間には生死があり、人生には限りがある。ならば、なんとかして、歴史上のすぐれた人々のように、自分も長い歴史の中に名を残したいものだ）

有名な詩で、頼山陽が十三歳のときに作ったものです。

振り返ると、まだ外国語学校[*5]に通学しているときに、この詩を読み、私も自然に同じような気持ちになりました。**私のようにこんなに弱くて――私は子どものときから身体が弱かったのですが――社会に与えられた場所もなく、世の中に出るってもなかったのですが、どうにかして私も長い歴史の中に名をとどめるような人間になりたいという気持ちがわき起こったのです。**その欲望は決して悪いものだとは思っていません。私がそのことを父や友達に話したところ、彼らは「お前にそれほどの希望があるのなら、お前の一生はとても頼もしい」と喜んでくれたのです。

ところがその後、思いがけずキリスト教に接し、その教えを学ぶと、青年のとき以来の「長い歴史の中に名をとどめたい」という欲望がほとんど

＊5　今の東京外国語大学の前身。

なくなってきました。

そして、何となく世の中がいやになるような気持ちになってきました。人間が歴史に名をとどめたいと思うのは、キリスト教で禁じる肉欲的なもの、信者としてふさわしくないもの、ヒーゼン的[*6]な考えである。クリスチャンなら、功名を得たいなどと思ってはいけない、われわれは、後世に名を伝えたいというような気持ちは、根こそぎなくしてしまわなければならない、と考えるようになりました。そのおかげで、キリスト教に出会う前より清い人生になったかもしれません。

欲を持つのはいけないことか

けれども同時に、前よりはつまらない人生になったかもしれません。ともかく、なるべく罪を犯さないように、なるべく神に逆らってけがらわしいことをしないように、ただただ立派にこの生涯を終わって、キリストに

＊6　heathen的　異教的。

よって救われて天国に行き、未来永遠の喜びを得たいと思うようになりました。キリスト教に出会う以前にも、喜びがなかったわけではないですが、以前とは正反対の気持ちでした。キリスト教に出会ってからは、この世の中で何か事業をしよう、何か新しいことをしよう、男らしい生涯を送ろう、という気持ちがなくなってしまいました。お坊さんのように説教臭《くさ》い考えになってきました。

私にキリスト教を教えた人たちがそうなのですが、ここには宣教師はいないので、少しは、かれらの悪口を言っても許してもらえるのではないかと思います。宣教師に、歴史に名を遺《のこ》したいと言うと、「そんな希望を持ってはいけません。それは欲です。あなたはまだキリスト教の教えを完全に理解していないので、そんなことを考えてしまうのです」と何度も言われました。歴史に名をとどめたいということは、考えようによっては、非常に下品な思想なのかもしれません。**われわれがこの世に名を遺したい、この一代のわずかの生涯を終え、そのあとは後世の人にわれわれの名を褒《ほ》**

めたたえてもらいたいという考え。それは、ある意味では、私たちが持ってはならない考えだと思います。ちょうど、エジプトの昔の王様が「おのれの名がのちの世に伝わるように」、世の人に彼が国の王であったということを知らしめるために、多くの民を働かせて、大きなピラミッドを造ったのと同じで、キリスト教信者としては持ってはならない考えだと思います。

有名な「天下の糸平」*7と呼ばれた田中平八が、死ぬとき、遺言で、おれのために巨大な墓を立てろ、墓には「天下の糸平」と誰か有名な人に書いてもらえと言い遺したそうです。東京の牛《うし》の御前《ごぜ》*8にいらっしゃったら、立派な花崗石《かこうせき》に伊藤博文*9が書いた「天下之糸平」という碑《いしぶみ》が建っています。のちの世にまで「天下の糸平」の名を伝えよと言った糸平の考えは、私はキリスト教徒の考え方ではないだろうと思います。またそういう例がほかにもたくさんあります。

*7　田中平八［1834〜1884］幕末―明治時代の実業家。開港後の横浜で糸屋と称して生糸売り込み、洋銀売買などで活躍、「天下の糸平」として知られる。維新後は洋銀相場会所、田中銀行などを設立した。

*8　墨田区向島の牛嶋神社。現在石碑があるのは木母寺。

*9　伊藤博文［1841〜1909］幕末―明治時代の政治家。周防《すおう》（山口県）の農民の子で、松下村塾にまなぶ。イギリ

死んだ後にのこしたいもの

このあいだ、アメリカのある新聞で見ましたが、夫をなくした大金持ちのある貴婦人が、「死んだ後に私の名を国中の人たちに覚えてもらいたい。しかし自分のお金を学校に寄付するとか、病院に寄付するのは、普通の人と同じだから、私は世界中のだれも造ったことがないような、大きな墓を造ってみたい。そして歴史の中で長く記憶されたい」と言って、先日その墓が出来上がったそうです。どんなに立派な墓なのかは知りませんが、その費用に驚きました。[2]

ス公使館焼き打ちに参加するなど尊攘《そんじょう》運動にしたがうが、文久3年渡英。帰国後は開国をとなえ倒幕運動に活躍。明治4年岩倉遣欧使節団の全権副使となる。大久保利通の没後、内務卿となり、14年の政変で政府の実権をにぎる。内閣制度を創設して、18年初代の首相（組閣4回）となり、大日本帝国憲法の制定など天皇制近代国家の枠組みをつくった。条約改正を実現し、日清戦争を遂行。33年政友会を創立して総裁。38年日露戦争後、統監府の初代統監となり朝鮮併合をすすめた。明治42年10月26日ハルビン駅で安重根に暗殺された。

00万ドルかかったというのです。200万ドルをかけて、自分の墓を建てるのは、確かにキリスト教的な考えではありません。

しかし、歴史に名を遺したいと思うのは、そんなに悪いことではなく、むしろ、キリスト教信者にとってよいことなのではないかと思うのです。

キリスト教では、人生は、未来の前にある階段だと考えます。大学に入る前の高校のようなものです。私たちの人生がたった50年[*10]で終わってしまうとしたら、生きている甲斐《かい》がないかもしれません。しかし、キリスト教では、人間は「永遠に生き続ける」ために、現世に生まれてきます。喜怒哀楽の変化が霊魂《れいこん》を創り上げ、最終的に不死の人間となって、この世を去り、天国でもっと清らかな人生を永遠に送るのだという教えを私は信じているのです。

「清らかな欲望」を持つ

＊10 明治24年〜31年の男子平均寿命は42・8歳。

これは宗教の話なので、今晩ここでみなさんにお話ししたいことではありません。ただ、私には一つの願いがあります。この世という高校を卒業して、天国という大学に入れば、それで満足なのかというと、そうではなく、「清らかな欲望」が残っているのです。私に50年の命をくれたこの美しい地球、この美しい国、この楽しい社会、私たちを育ててくれた山、河――こうしたものに対して、何も遺さずには死んでしまいたくはないという気持ちです。

死んで、自分だけ天国に行くのではなく、この世に何かを遺していきたい。別に後世の人に褒めてもらいたいとか、名誉を遺したいと思っているわけではありません。**ただ、私がどれほどこの地球を愛し、世界を愛し、仲間を思っていたかという証《あかし》、英語でいう、メメント**[*11]**をこの世に置いていきたいのです。**これは決していやしい考えではないと思います。

私は米国の大学に留学しているときにも、いつもそう考えていました。そして大学[*12]を卒業するときに、同級生たちと学内に記念樹を植えました。

*11 memento 記憶。

*12 マサチューセッツ州アマーストのアマースト大学。同志社大学創立者の新島襄もこの大学の出身。

私を4年も育ててくれた大学に何らかの気持ちを遺したかったからです。同級生でお金持ちの人たちは、記念樹だけでなく、音楽堂を寄付したり、図書館を寄付したり、運動場を寄付していました。

少しでも世の中をよくしたい

しかし、今、私たちは、この世界という大学を去るのに、何も遺さずに死んでしまうのでしょうか。いいえ、この講演の初めに言ったような「歴史に名を遺したい」という意味ではなく、**この地球に何かメメントを遺したい、この地球を愛した証拠、仲間たちを愛した記念碑を置いていきたい、という意味での「歴史に名を遺したい」という気持ちがあります。**死んで天国に行くとしても、この世に生まれてきた以上、少しでもこの世の中をよくして死んでいきたいということです。

有名な天文学者のハーシェル[*13]が20歳くらいのときに、友人に「愛する友

*13 ウィリアム・ハーシェル(Frederick William Herschel)［1738〜1822］英国の天文学者。ドイツ生まれ。大型の反射望遠鏡を製作し、1781年に天王星を発見したのをはじめ、2500の星雲・星団、800の二重星を発見し、太陽系の運動を確認した。

よ、私たちが死ぬ時は、生まれたときより、世の中を少しでもよくしてから死んでいこうではありませんか」と言ったそうです。とても美しい青年の希望だと思いませんか。みなさんも、ハーシェルの伝記をぜひ読んでみて下さい。

ハーシェルはその希望どおり、世の中をとてもよくした人です。それまで知られていなかった星や星雲を数多く発見し、当時植民地だったアフリカの喜望峰に何年か滞在し、南半球の星を観測し、全天星図を完成させました。そのおかげで、今日の天文学は大変な恩恵を受けました。しかも、昔は星が方角の目印となり、それを頼りに航行したので、航海が盛《さか》んになり、商業が栄え、人類が進歩し、宣教師も外国に布教に行くことができるようになりました。

私たちもハーシェルと同じように大きな志（Ambition）を達成したいとは思いませんか。**何か一つ事業を成し遂《と》げて、私たちの生まれたときよりも、この日本を少しでもよくして死んでいきたいと思いませんか。**こういう気持ちには、みなさんも賛成して下さるのではないかと思います。

「お金」——第一にのこすべきもの

さて、次は、何を遺すかが問題です。愛する地球を去るときに何を置いていけばいいのでしょうか。私はそのことについて考え、考えるだけでなく、いろいろやってみました。遺したいものはいろいろありますが、それを全部はお話しできません。しかし、何を遺すかというときに、まっさきに思い浮かんだものからお話ししようと思います。

後世へ遺すのに、一番大切なもの、それはお金です。子どもに遺産を遺すだけでなく、社会に遺すということです。多くの人がそう思うのではないでしょうか。

しかし、そういうことをキリスト教徒に言うと、お金を遺すというのは、非常にくだらないことだと言われてしまいます。

明治16年に初めて札幌から東京に出てきたとき、東京ではキリスト教徒が急に増えるような不思議な現象があって、「リバイバル」[*14]と呼んでいました。私はその時、実業家になる教育を受けていたので、日本に財産を遺して、日本を救いたいと思っていました（ちなみに、その時には、翌年、こんなふうに夏期学校の講師に選ばれるとはまったく思っていませんでした（会場笑））。

あるリバイバルに熱心な牧師の先生に私の思いを話したところ、ひどく叱《しか》られました。「金を遺したいと思うなんて、情けない。金なんかどうにでもなるから、君はキリスト教の教えを広めるためだけに働きなさい」と言うのです。そう言われても、お金を遺したいという思いは変わりませんでしたし、今でも変わっていません。

お金を遺すという考えをいやしいという人は、その人自身がいやしい人だと思います。お金というものは――ここでお金の価値について長々と講義をするつもりはありませんが――お金が必要であることは、みなさんも

＊14　revival　信仰復興。

十分に実感されているだろうと思います。

お金は天のものだから、お金なんていつでも手に入るという人に、フランクリン*15は「それなら今お金を出してみせなさい」と言いました。私に金など要らないと言った牧師の先生は、後で聞いたところ、実際にはずいぶんお金に執着していたのだそうです。

お金などいつでも手に入れられるというのは、よくある考えですが、実際お金が必要になってから、手に入れようとするのは非常に難しいものです。財産を築くということは、神様の力を借りるくらいのことがなければ、並大抵の思いや努力ではできないことなのです。

社会のために財産を築く

ちょうど秋で雁《がん》が空を飛んでいます。雁は誰でも自由に捕まえられますが、捕まえるのは簡単ではありません。手の中に雁が10羽、20羽と集まっ

*15 ベンジャミン・フランクリン（Benjamin Franklin）〔1706〜1790〕米国の政治家・科学者。出版印刷業者として成功。稲妻の放電現象を研究し、避雷針を発明。独立宣言起草委員となり、憲法制定会議にも出席した。

てきたなら、それこそ価値があります。別の鳥の例で言えば、自分の手の中にいる1羽の雀《すずめ》は、自分の手の届かない木の上の2羽の雀より尊いものだということなのです。

事業で財産を築いて、後世の人が使えるようにしたいという願いをみなさんが持っているなら、私は心から共感して、イエス・キリスト、父なる神、そして聖霊という3つの尊いお名前を借りて、「教会や国や世界のためにどうぞ財産を築いて下さい」と強く奨励します。

財産を築くというのは大事業です。**今日の問題は社会問題であろうと、教会問題であろうと、青年問題であろうと、教育問題であろうと、究極的にはお金の問題です。**それなのに、お金が不要などと言うことはできません。キリスト教徒のなかに、事業家で資産家の人が現れればありがたいし、キリスト教の志をよくわかった人が、私たちの後ろ楯《だて》になって、金銭的に支援してくれるのは大変重要なことです。ですから、財産を後世に遺そうという志を持っているなら、その志に従って、神が与えてくれた方法によって、子孫にたくさんお金を遺してほしいと、私は切実に願っています。

世界最初の孤児院を建てた商人

有名なジラード[*16]というフランス人の商人が、米国のフィラデルフィアに移住して建てた孤児院を見たことがあります。これは世界最初の孤児院です。そこには小学生くらいの孤児が700人ほどいました。中学、大学くらいの年齢の人たちを含めるとたぶん1000人以上いたと思います。その孤児院は今の日本のように、寄付金不足で事業が続かないようなものではなく、ジラードが生涯かかって築いた財産を全額投じて、経営が存続するように建てられたものです。

ジラードの伝記を読むと、ジラードは、孤児院をつくるという、ただそれだけの目的で財産を築いたことがわかります。ジラードに子どもはなく、妻も早く亡くなっていました。「妻も子も、私には何もないけれど、世界

*16 スティーブン・ジラード(Stephen Girard)［1750～1831］アメリカ合衆国で活動した実業家。慈善家。フランスからの移民。三角貿易(銃・奴隷・砂糖)や海運業、銀行業で、財を成したアメリカ史上屈指の資産家であるが、死後、多額の遺産は遺言により教育機関、社会福祉団体などへ寄付された。

最初の孤児院を建てたい」という強いジラードの意志によって建てられた孤児院なのです。米国は建国の初期で、今のように事業の成長は早くありませんでしたが、一生かかってジラードが築いた財産の額は、おおよそ200万ドルにもなりました。

その200万ドルで、基金がつくられ、ペンシルバニア州の安い土地をたくさん買いました。ジラードは死ぬ時に、「このお金で二つの孤児院を建ててほしい。一つはおれを育ててくれたニューオーリンズに、もう一つはおれの暮らしたフィラデルフィアに建ててほしい」と言いました。しかしジラードは、なぜか教会をとても嫌っていて、「孤児院の中には、キリスト教のどんな宗派の教師も入れてはいけない」という風変わりな条件をつけました。そのため、今でも、メソジストであろうと、聖公会であろうと、組合（会衆派）教会であろうと、どの宗派の牧師であっても、大変気の毒なのですが、この孤児院に入ることはできません（笑）。それ以外の人は誰でも入ることができます。孤児院の話は長くなるので、今はお話ししませんが、さきほどお話しした200万ドルで買い集めた山は、ペンシルバニア州で石炭と鉄を産出する鉱山でした。現在の地価はほとんど何千万ドルになるかわからないほどです。この鉱山があるので、いくらでも鉄鋼事業を拡張できるのですが、ただ、そのための人手がないという状況のようです。もしみなさんがフィラデルフィアに行かれるなら、一番にまずこの孤児院を見ることをお勧めします。

清らかな目的のためにお金を使う

また、有名な慈善家ピーボディー[*17]はどのようにして、その大事業を完成させたかというと、彼はベルモントの田舎から、大金持ちになろうという意志を持って、一文なしでボストンへ出てきました。その時代には、もちろん汽車はなく、馬車はありましたが、ただでは乗れません。ピーボディーは歩いてボストンまで行こうとして、途中で日が暮れてしまいました。

＊17 ジョージ・ピーボディー（George Peabody）［1795〜1869］アメリカ合衆国出身の銀行家、慈善家で、JPモルガン・チェースの前身となる銀行を創設。1867年200万ドルをアメリカ南部の公教育推進の基金創設のために提供した。マサチューセッツ州ピーボディー市は彼の名にちなんだもの。

そこでピーボディーは、ある旅館の主人に「ボストンまで行かなければならないのですが、日が暮れたので、今夜泊めてくれませんか」と言うと、主人は「かわいそうだから、泊めてあげましょう」と喜んで泊めてくれました。しかし、ピーボディーは「ただで泊まるのはいやです。何か仕事はありませんか」と言いました。それでも主人は「どうぞご自由にお泊まり下さい」と言います。ピーボディーは「それではいけません」と言って、家の周りを見ると、裏に薪《まき》がたくさん積んであったので、「泊めてもらうかわりに、裏の薪を割らせて下さい」と言って、夜まで薪を割って、宿代に見合うくらいまで働いたそうです。

そのピーボディーは生涯を何に費やしたかというと、大金持ちになって、そのお金を黒人教育のために寄付しました。今日、米国の黒人が日本人と同じくらいの教育水準に達している[*18]のはピーボディーのような慈善家が教育に私財を投じたからなのです。

私は米国人がお金に弱い、拝金主義的な国民であることも知っています

*18 黒人への差別表現。

が、**米国人の資産家の中に、正しく清らかな目的で財産を築き、正しく清らかな目的のために使う人がいることを知り、それが米国が今のような大国になった理由なのだということが、実際に米国に行ってよくわかりました。**[*19]

慈善事業をする実業家が日本にいるか

事業をするのに、このような目的をもって財産をつくる人が出てこなければ、私たちの国に、本当の実業家がいないのと同じです。こういう目的の実業家でなければ、実業家が何人いても、国のためにはなりません。憲法発布の際[*20]に貧困者200人に1万円……一人あたり、せいぜい50銭か60銭くらいのお金を配った人もいたようですが、そんな中途半端な慈善はしない方がかえっていいくらいです。三菱財閥《みつびしざいばつ》の岩崎弥太郎《やたろう》[*21]のような、何千万円という財産家は、もしかしたら、今後、慈善事業をするかもしれませ

*19 米国人への偏見。

*20 大日本帝国憲法のこと。1889年公布、90年施行。本講演は1894年。

*21 岩崎弥太郎［1835～1885］実業家。土佐の人。弥之助の兄。三菱財閥の創始者。藩船などの払い下げを受けて三菱商会を創立。明治政府の保護による独占的海運事業として発展した。

んが、これまで社会的に大きな力を手に入れ、立派な家と別荘を建てたものの、日本の社会はそれによって何一つ恩恵を受けていません。

しかし、今の日本で、キリスト教徒が世の中に出て、実業家になって、財産を築き、自分のためでなく、神の正しい道、宇宙の正しい法則にしたがって、富を国家のために使うのだとしたら、そういう形で、本当の実業の精神が生まれたことになる、そうあってほしいと私は願っています。

お金をもうけることはいやしいことではない

それは、神学生が増えることよりも大事なことです。キリスト教信者の中に神学生が10人いたとしても、実業家はひとりもいません。キリスト教信者が１００人いても実業家はその中にひとりもいない。１０００人いて、やっとひとりいるかどうかです。財産を築き、神と国のために尽くそうという正しく清らかな考えを持つ青年がいないのです。紀伊国屋文左衛門《きのくにやぶんざえもん》*22は

*22　紀伊国屋文左衛門［?～１７３４］江戸時代前期―中期の豪商。紀伊《きい》（和歌山県）の人。貞享《じょうきょう》年間に江戸八丁堀で材木問屋をひらき、寛永寺根本中堂造営の用材を調達して巨利をえる。老中柳沢吉保らとむすび幕府用達《ようたし》として全盛をきわめ紀文大尽とよばれた。正徳《しょうとく》のころ没落し深川に隠棲。紀州みかんの江戸回漕、吉原豪遊などの話で知られるが、経歴には不明な点が多い。

百万両をもうけて、その百万両を自分のために使ってみたいと思って財産を築いたそうですが、そういういやしい考えを持たず、百万両の財産を築いたら、それを神のために使ってみようと思うような実業家になりたいものです。そして、そういう実業家がいてほしいものです。その願いはとても清らかな願いだと思います。

残念ながらそのように財産を築く才能は私にはないので、もしみなさんの中にそういう願いを持っている人がいるなら、神が自分に命じた考えなのだと思って、そのことを励みにがんばってほしいと思います。

そして教育に従事する人は、「お金をもうけるのはいやしいことだ」などと言って、事業をする人の足を引っ張《ぱ》らないでほしいのです。**あるアメリカのお金持ちが「私はお前にこのお金を遺すが、この中に汚いお金は一銭もない」と言って子どもに遺産を遺したそうですが、私たちにはそういうお金が必要なのです。**

財産を有効に使えない人

後世に遺すもので、一番大事なものはお金であり、お金がいかに必要かをお話ししてきました。しかし、財産を築けるのは限られた人、天才だけです。残念ながら私は天才ではありません。お金もうけの才能がある人は、耳たぶが分厚く垂《た》れ下がっているらしいのですが、鏡を見ると、私の耳たぶは小さいので、やはり私にはその才能はないようです（笑）。

私のかつての生徒でも、お金もうけの才能のある人がいました。その人は無一文で北海道に左遷《させん》されたのに、今では、私の10倍くらいはお金があるようです。「私がお金に困ったら助けてくれ」と言っておきました。

誰もがお金をもうけられるわけではありません。さまざまな職業と同じで、お金をもうけることが天職という人がいるものです。けれども、お金を有効に使えない人がお金もうけをすると、とても汚らわしく見えます。

＊23 ジェイ・グールド（Jay Gould）［1836～1892］

　また、お金は後世に遺すときに、遺し方を間違えると、後の世の人々にとって害になります。**だから、財産を築くだけではなく、それを有効に使う必要があります。**有名な資産家のグールド[*23]は一生で2000万ドルの財産を築きました。しかし、取引先をあちこち倒産させ、親友4人が自殺しました。グールドには2000万ドルもの財産があったにもかかわらず、1000ドルすら慈善に使うことはなかったそうです。死んでも、ただ自分の子どもたちに遺産を分け与えただけでした。

　グールドは、財産を築く才能はあっても、有効に使えない人だったのです。お金を後

アメリカの鉄道資本家。投機的な株式操作で悪名が高い。無学だったが、鉄道株の取引から、1867年、東部の幹線鉄道であるエリー鉄道の取締役となった。巨富を手にし、74年、大陸横断鉄道ユニオン・パシフィックの重役となり、次々と関連路線を買収し、「グールド系列」をつくりあげた。

＊24　コーネリアス・バンダービルト（Cornelius Vanderbilt）［1794～1877］アメリカの実業家。ゴールド・ラッシュのときニカラグア経由のニューヨーク―サンフランシスコ間航路を開いて巨利を得、1855年にはアメリカ、フランス間などを結ぶ大西洋航路に移行し、南北戦争後鉄道業に転じた。

＊25　リーランド・スタンフォード（Amasa Leland Stanford）［1824～1893］アメリカの実業家、政治家。アメリカ最初の大陸横断鉄道の建設者の

世に遺す人は、財産を築いて、有効に使うという2種類の才能がなければいけないのです。

有効なお金の使い道を考えられない人が資産家になるのはとても危険なことなのです。

「事業」——第二にのこすべきもの

私は10年くらい前にお金持ちには絶対なれないと気づいたので、お金を遺そうとは思わなくなりました。

私のようにお金もうけが下手だったり、財産があっても有効に使えない人は、後世に何を遺せばよいのでしょうか。それは事業です。事業とはお金を使うことです。

誰かが一生懸命《けんめい》働いた努力の結晶《けっしょう》がお金です。そのお金を事業に投資すれば、お金をもうけた努力が事業という形に変わって、事業を遺すことが

一人。1848〜52年ウィスコンシンで弁護士を開業したあとカリフォルニアのサクラメントに移り鉱山用品、雑貨の小売業に成功し、共和党員として地方政界にも乗出し、61〜63年カリフォルニア州知事をつとめた。大陸横断鉄道建設計画に参加し、61〜93年セントラル・パシフィックの鉄道会社の社長に就任し鉄道網の発展に主役を演じた。15歳で死去したひとり息子を記念して85年スタンフォード大学を創立した。

＊26 別称深良用水。静岡県東部、芦ノ湖と黄瀬川を結ぶ灌漑用水路。延長7㎞。箱根外輪山をトンネル（延長1280m幅2m）で貫き、芦ノ湖の水を黄瀬川に導水している。寛文3（1663）年深良村の名主大庭源之丞ら地元民により計画、江戸幕府に願い出、同6年許可され、友野与右衛門が中心となり着工、同10年完成。富士山の裾野の地域5・3㎢を灌漑した。

できます。**財産を築く才能がなくても、事業家になる人はたくさんいます。**
資産家と事業家は別で、タイプが違うように見えます。お金がない人が、他人のお金で商売をするようです。

歴史上、生粋《きっすい》の事業家といわれるような人は決して資産家ではありません。前述したグールドは資産家ではあっても、事業家ではありませんでした。バンダービルト*24は資産家でしたが、自分で事業はせず、他人に投資して事業を支援しました。スタンフォード*25には友達が3人いて、それぞれお金を出したり、実際に事業をしたり、役割分担をして、みんなで事業を遺しました（この話はおもしろいのですが、長くなるので詳しくは話しません）。

私にはお金もうけの才能はありませんが、その代わり、もし神様が事業をする才能を与えて下さったとしたら、私は事業を遺すことができるので、満足です。

現在の灌漑面積は10㎢に及び、3つの水力発電所がある。

*27　源頼朝［1147〜1199］鎌倉幕府初代将軍（在職1192〜99）。武家政治の創始者。平治1（1159）年の平治の乱に敗れて伊豆に流されたが、治承4（1180）年以《もち》仁王《ひとおう》の命を受けて平氏追討の兵をあげた。東国武士の糾合に成功して東国に支配権を確立、鎌倉を本拠とし、次いで源義仲および平氏を滅ぼして天下を平定した。文治1（1185）年守護・地頭設置の勅許を得て武家政治の基礎を固め、建久1（1190）年上京して権大納言、右近衛大将に任じられ、翌々年征夷大将軍を拝して名実ともに武家政権としての幕府を開いた。

*28　淀川下流のうち、大阪市中之島西方の堂島川と土佐堀川の合流地点から大阪湾に注ぐまでをいう。江戸時代初期の淀川下流は流路が複雑で、土砂によ

事業を行うことは尊い

事業をするのは尊いことです。 わかりやすいのは土木事業でしょう。私は土木学者ではありませんが、土木事業を見るのがとても好きです。土木事業が完成すれば、大きな充実感があるでしょうし、永遠の喜びと富を後世に遺すことになると思います。

今日、船で芦ノ湖をめぐっていて、湖の水門のそばを通りました。それは箱根の山裾をくぐるように通っている箱根用水[*26]でした。芦ノ湖の水がこの用水路を通って山の反対側の沼津の方へ流れ、静岡県内の二千石、三千石もの水田を潤しています。

昨日友人に、その用水路の伝説を聞いて、私はとてもうれしくなりました。それは600年前のことで、誰が掘ったかはわかりません。ただ、次のような話が伝わっているそうです。箱根の近くに強い信念を持つ百姓の

って三角州が成長し、その新田開発が進むに伴い河道が延長し、河口がふさがり舟運に障害が起こった。このため幕命を受けた河村瑞賢は、1684年（貞享1）九条島に新川を切り開いて淀川の水を一直線に海に導く改修工事を行った。

＊29　豊臣秀吉［1536〜1598］安土桃山時代の武将。尾張の人。織田信長に仕え、戦功をたて、羽柴秀吉と名のった。信長の死後、明智光秀・柴田勝家を討ち天下を統一。この間、天正13年（1585）関白、翌年太政大臣となり、豊臣を賜姓。検地・刀狩りなどを行い、兵農分離を促進した。のち、明国征服を志して朝鮮に出兵したが、戦局半ばで病没。

＊30　奈良県北部から大阪府にかけて流れる川。全長64㎞。上流は初瀬川で、奈良盆地中部で、佐保川、飛鳥川などの諸河川を合流し、生駒山地の南麓を峡谷

兄弟がいて、「私たちはせっかくこんなよい国に生まれてきたのだから、何か後世に遺していかなければならないと思う。何か私たちにできることをやろう」と語り合いました。兄は「私たちのような貧乏人は大事業を遺すことはできないだろう」と言ったのですが、弟は「箱根の山を掘って、芦ノ湖の水が山の反対側の水田に流れる用水路を造れば、後世に遺せるのではないか」と言いました。兄は「それはおもしろい。お前は湖側から掘れ。おれは反対側から掘ろう。一生かかってもやりとげよう」と言って、測量器がない時代なので、箱根山の上に目印の板を建て、それぞれ湖側と静岡側から掘り始めたそうです。

兄弟は生活のための仕事をする以外は、ひたすら用水路を掘り、何十年もかかって、湖側から掘った入り口の1・2メートルほど上に、静岡側から掘った出口が開きました。水を通し、用水路は無事つながりました。後世に事業を遺すという立派な心がけがあり、**一生かけて、誰にも知られず、褒められることもなく、黙々と作業をして、兄弟は大事業を成し遂げまし**

をつくって西流し、大阪市と堺市の境界で大阪湾に注ぐ。元禄年間（1688〜1704）以前は柏原市（大阪府）から北流して淀川に注いでいたが河内平野での氾濫が激しく、宝永1（1704）年江戸幕府の方針で河道を変えた。

＊31　福島県西部から新潟県中北部を流れて日本海へ注ぐ川。全長210㎞。福島県西部を北流する大川は会津盆地で猪苗代湖を源とする日橋川を合わせて西流、さらに尾瀬沼を源とする只見川と合流して阿賀川となり、新潟県へ入って阿賀野川となる。

＊32　新潟県北部、新潟平野の北部から飯豊山地の西部にある市。

＊33　デビッド・リビングストン（David Livingstone）［1813〜1873］イギリスの探検家、宣教師。1840年医学の学位を取得、同年宣教活動の

た。今日の私たちとって、とても励みになる話ではないでしょうか。

箱根用水を使っている村の人口がどれくらいかは忘れましたが、その地域は源頼朝[*27]の時代からずっと米作を続けています。この用水路のおかげで、旱魃《かんばつ》の被害に遭ったことはないそうです。兄弟はこんな大事業を遺すことができて、幸せだったでしょう。私も真似をしたいくらいです。これはとても重要な後世への遺物です。水路の長さは1キロちょっとだと思いますが、ダイナマイトのような爆薬などない時代に、穴を掘るのは本当に大変だったことでしょう。

大阪の淀川河口の改修工事も江戸時代の大事業です。河口が土砂でふさがるので、大阪の木津川の流れを北の方に分けて、安治《あじ》川[*28]を造ったのは大きな功績です。水害がなくなっただけでなく、土砂が堆積《たいせき》していた河口に、深い港を造ることができました。それで、九州、四国から来る船をつなげられるようになり、大阪の商業が栄えました。

豊臣秀吉[*29]の時代には大和川[*30]の治水工事がありました。大阪の北側を流れ、

志願者としてロンドン伝道協会に入った。１８４１年任地である南アフリカのクルマンへ派遣された。先住民との接触に成功し、前人未踏の奥地まで入って伝道に努めた。１８５３年セシュクから西海岸のロアンダへのルートを見出し、１８５５年には東海岸への道を開いた。途中、ビクトリア瀑布に到達。一時帰国、伝道協会との関係を断ち、１８５８年ザンベジ地域の巡回領事に任命され、政府のアフリカ探検隊の指揮をとり再びアフリカに赴いた。１８６４年帰国。奥地での奴隷貿易に関する実態調査とザンベジ川、コンゴ川、ナイル川など大河の水源発見を目的として、1年後三たび探検隊を率いて出発、非常な困難のため多くの隊員を失った。１８７1年タンガニーカ湖畔ウジジでヘンリー・M・スタンレーと遭遇。スタンレーが提供した人員と物資の補給を受け、再び１８７2年8月にはナイル川、コンゴ川の源を探検に出発し、途

氾濫《はんらん》のたびに付近の住民を悩ませていた大和川の流れを堺と住吉の間に分けて、水害をなくし、何十という村が大阪城の北側に新しくできました。越後の阿賀野川《あがの》＊31の治水工事も大事業です。阿賀野川から直接日本海に水を流す工事をした結果、新潟県の新《し》発田《ばた》＊32は、その流れから農業用水を引いて、新発田十万石と呼ばれるほど豊かな地域になりました。

もし後世に財産を遺せないなら、私もこんな事業を遺したいと思うのです。**どんな事業でも一生懸命に取り組めば、預金の利息が複利で殖えるように、事業も拡大し、最終的には大事業になるでしょう。**

中病気のためバングウェウル湖南岸のチタンボで死んだ。

＊34　トマス・カーライル（Thomas Carlyle）［1795〜1881］英国の歴史家、評論家。スコットランドの厳格なカルバン派の石工の家に生まれ、牧師になるつもりでエディンバラ大学にはいったが果たさず、教員をしたのち法律を学んだが弁護士にはならず文筆生活にはいった。ドイツ文学・哲学の影響を受けて『シラー伝』を書き、ゲーテの『ヴィルヘルム・マイスター』の翻訳に次いで『衣装哲学』『フランス革命』を発表。講演をもとにした『英雄崇拝論』（1841年）は日本でも広く読まれた。

＊35　海外の非キリスト教徒に福音をもたらすことを目的に、1795年ロンドンで設立された組織。96年伝道船ダフ号はタヒチ島、トンガタプ島、マルキーズ諸島に向かう宣教師達を乗

探検家の遺産

事業のことを考えるとき、私は有名な探検家デビッド・リビングストン*33のことを思い出します。

みなさんの中で英語の得意な方は、スコットランドのW・G・ブレーキという人の書いた『リビングストンの生涯』（The Personal Life Of David Livingstone）という本を読まれることをお勧めします。聖書以外で、私がこれまで刺激を受けた本は2冊あり、1冊はカーライル*34の『クロムウェル伝』で、これについては、後でお話しします。もう一冊が、『リビングストンの生涯』です。

リビングストンの一生はどんなものだったのでしょうか。

リビングストンは宗教家、宣教師というよりは、大事業家として尊敬すべき人です。もしも資産家になれず、土木事業もできないなら、私はリビ

せて出航した。翌年にはタヒチに最初の宣教師が上陸し、以後南太平洋全域へのキリスト教布教の基地となった。

*36　ヘンリー・スタンリー（Henry Morton Stanley）［1841～1904］アメリカのアフリカ探検家、ジャーナリスト。南北戦争で両軍にそれぞれ加わって戦ったのち、ニューヨーク・ヘラルド社の臨時通信員となった。エチオピアにおけるイギリス軍のテオドロス2世攻略（マグダラの戦い）の大スクープでヘラルド社の正式社員となり、1869年、アフリカで消息を絶ったリビングストンを発見せよとの特命を受けた。

*37　1885年にドイツ皇帝の勅許状を得た特許会社。ペータース（1856～1918）が創設したドイツ植民会社は1884年にザンジバルの対岸、現在のタンザニア本土の数部族の首長から保護条約と称するも

ングストンのような事業をしたいと思っています。スコットランドのグラスゴーの織物製造業の家に生まれ、若い頃から公共事業に関心を持っていました。中国に行って事業を興《おこ》したいと考え、英国のロンドン伝道協会[*35]に入りましたが、中国ではなくアフリカに派遣されました。

そこで37年間、命がけでキリスト教を伝道していましたが、そのうち、「アフリカを救うには宗教ではだめだ。内地を探検して、地図を作り、アフリカが貿易できるようにして、国に力を持たせれば、伝道もうまくいくに違いない」と考えるようになりました。それで伝道をやめ、探検家になりました。アフリカを3回縦横断し、湖を発見し、河の流れをつきとめ、地図を作りました。そのおかげでアフリカは大事業を誘致できるようになりました。

リビングストンの事業はそれだけでは終わりませんでした。スタンリー[*36]のアフリカ探検や、ペータースのドイツ東アフリカ会社[*37]創設やチェンバレン[*38]が引き起こしたブーア戦争もリビングストンがアフリカの地理を明らか

のを手に入れた。これをもとに翌年、ドイツ政府は同地域をドイツ保護領とし、ドイツ植民会社に統治を委託することを宣言した。会社名はドイツ東アフリカ会社と変わり、ペータースらはザンジバルの首長と交渉して、ダル・エス・サラーム、パンガニの2港と、海岸地帯を内陸部との通商のため無関税で使用する権利を得た。

*38 ジョゼフ・チェンバレン（Joseph Chamberlain）［１８３６〜１９１４］英国の政治家。元・英国植民地相。30代後半に事業で成功を収め、１８７３〜75年までバーミンガム市長を務める。１８７６年自由党下院議員となり、１８８０年グラッドストン内閣の商務相に就任した。１８８６年に自由党を離れ、ハーティントン卿と共に自由統一党を結成した。１８９５年ソールズベリー内閣に植民地相として入閣し、ブーア戦争を遂行した。

にしたからでした。欧米9カ国が同盟し、プロテスタントの自由主義国家、コンゴ自由国をアフリカの中心に建国したのも、リビングストンの事業があったからこそなのです。*39

今日の英国や米国は偉大な国だと言われますが、なぜそうなったのかを考えると、偏見かもしれませんが、英国にピューリタンという党派が生まれたからではないかと思います。

ピューリタンの人たちが、なぜ大事業を遺したり、今も遺そうとしているのかというと、ピューリタンの中に偉大な人物であるオリバー・クロムウェル*40という政治家がいたからです。クロムウェルが政権を握ったのはわずか5年間で、その思いは、クロムウェルの死とともに消えてしまったようにも見えますが、実は、クロムウェルの遺志が今日の英国を造っているのです。

英国が完全にクロムウェルの理想どおりになるのはまだずっと先のことだと思いますが、クロムウェルは英国や米国という国を遺しました。アン

*39　P.50のクロムウェルへの言及と併せて、当時の歴史意識で、植民地主義を肯定しているように見える点に注意。

*40　オリバー・クロムウェル（Oliver Cromwell）［1599～1658］イギリスの軍人、政治家。イングランド共和国およびスコットランド、アイルランドの護国卿（在任1653～58）。清教徒革命の指導者として知られる。1628年下院議員。40年短期議会、長期議会議員に選出され、清教徒革命が勃発すると軍人として議会軍に参加し、鉄騎兵を率いてマーストンムーアの戦いなどに活躍し、45年ニュー・モデル軍の副司令官となり、ネーズビーの戦いで勝利を収めた。その後は独立派の指導者として、長老派、平等派を押えて実権を握り、49年1

グロサクソン[*41]の民族がオーストラリアを合併し、南アメリカを植民地化し、南北アメリカを支配するようになったのも、クロムウェルの遺産なのです。

月国王チャールズ1世を処刑し、次いでアイルランドとスコットランドに遠征（49～51）して反対派を制圧。53年に護国卿となり、最後には議会も解散し、軍人行政官を任命して独裁政治を行った。

＊41　5世紀ごろ、民族大移動でドイツの北西部からブリテン島に移住したアングル人とサクソン人の総称。現在の英国民の根幹をなす。

1894年7月17日

朝8時

2日目

だれもがのこせる唯一のものがある

事業を行ったかどうかで人の評価はできない

昨夜は後世に遺すべきものについて、第一にお金の話をし、次に事業の話をしました。

では、財産を築く才能も、それを有効に使う才能も、事業を興す才能も、事業をするための社会的地位もない場合、私たちは何をすればいいのでしょうか。事業をするには、神から与えられた特別な才能が必要なだけではなく、社会的な地位が必要です。

私たちは時々、あの人は才能があるのに、なぜそれを活かさないのかと言ったりしますが、それはひどい話です。

人は地位があれば、つまらない人でも大事業をする可能性がありますが、地位がないせいで、偉大な人で大きな志を持っていても、業績を残さず、ひっそり一生を終えてしまった人もたくさんいるのです。ですから、事業をしたかどうかだけで人を評価することはできないと思います。

では、事業の才能もなく、地位もなく、友達もなく、社会からの賛同も得られなかったら、私は何も遺せないのでしょうか。いえ、それでも、私にはひとつだけ遺せるものがあります。

それは思想です。考えたことを成し遂げられなければ、考えを書き遺すことができます。あるいは、私が生きている間に、自分の思想を一生懸命若い人に教えて、その人が事業を興せばいいのです。**本を書くか、教育するかという2つならできるのです。**

長くなりそうなので、本を書いて、思想を残すことについて、文学の面からお話しします。

「思想」——第三にのこすべきもの

教育も思想を遺すよい方法ですが、思想それ自体を残すのは文学しかありません。文学は私たちが常に考えている思想を後世に伝える手段であり、それが文学の意味であり、実用的な目的だと思います。思想は遺すべき偉大なものであり、その思想を現実に行ったものが事業です。

逆に言えば実行できないから、種をまくように思想を遺していくのです。

「私は自分の思想が世の中で理解されないことを恨み、怒り悲しみながら死んで墓に入るが、私のあとに続く人々よ、あなた方は機会があれば、私の思想を実行しなさい」と後世へ言い遺したいと思います。そのようにして遺したものは偉大なものです。

よく知られているように、2000年ほど前にユダヤ人の平凡な漁師[*1]や、無名の人たちが、『新約聖書』という小さな本を書きました。その本がキリスト教を伝え、世界全体をよくしてきたことは、みなさんはよくご存知でしょう。

また最初にお話しした頼山陽は勤王論を提唱しました。山陽は、国民が一致団結して、日本を復活させなくてはならない。そのためには、当時政

＊1　イエスの最初の弟子、シモン（ペトロ）とアンデレ兄弟はガリラヤ湖の漁師。実際に聖書を書いたのはペトロらキリストの直弟子（信徒）ではなく、後にできた教団の人たち。

＊2　徳川幕府は慶長8（1603）年2月徳川家康が征夷大将軍に就任して江戸に開いた中央集権的武家政権。慶応3（1867）年10月徳川慶喜による大政奉還まで15代265年間存続した。

＊3　武家時代に対して天皇親政の時代。奈良時代・平安時代をさし、特に平安時代をいうこともある。

＊4　江戸時代後期の歴史書。22巻12冊。頼山陽が200部余の書を参考にし、20年余の歳月を経て文政10（1827）年に松平定信に献じた。漢の司馬遷

権を握っていた武士の徳川政権[*2]を廃止して、皇室を尊ぶ王朝時代[*3]に戻るべきだと考えていました。しかし、山陽は実際に行動を起こしたりはしませんでした。もし山陽に先見の明《めい》がなく、徳川政権に対して反乱を起こしていたら、戦死していたでしょう。山陽はそんなに馬鹿ではありませんでした。自分の生きている間に徳川政権を倒すことはできないとわかっていたので、自分の思想を『日本外史』[*4]に書きました。ここで、山陽ははっきり「皇室が正しい」とは書かずに、皇室を尊ぶ気持ちをにじませながら、源平以来[*5]の武家の歴史を書き残したのです。多くの歴史家が指摘するとおり、明治維新[*6]の原動力のひとつが、『日本外史』であったことは間違いないでしょう。山陽は思想を遺して日本を復活させたのです。明治維新前後の歴史を細かく調べると、山陽の功績がとても大きいことがわかります。

私は山陽について『日本外史』以外のことはわかりません。プライベートに関しては、いくつか感心できないこともあります。国体論や兵制論も賛成できません。けれども「私はこの世には何も望まないが、後の時代の

の『史記』の体裁にならい、源平両氏から徳川氏まで武家13氏の盛衰興亡の跡を漢文で記したもの。天皇から征夷大将軍に任じられた家（源、新田、足利、徳川）の歴史を正記とし、他氏を前記、後記としている。

＊5　源平は源氏と平氏。ここでは鎌倉時代以後の意味。

＊6　徳川幕藩体制崩壊から明治新政府による中央集権的統一国家成立と資本主義化の出発点となった一連の政治的・社会的変革。始期・終期には諸説あるが、ペリー来航による開国から大政奉還・王政復古の大号令、戊辰《ぼしん》戦争、廃藩置県などを経て西南戦争までをいうことが多い。

＊7　冒頭にも出てきたこの言葉が繰り返されるのは、内村が二期生として学んだ札幌農学校（現在の北海道大学の前身）の初代教頭だったウィリアム・スミス・クラークが、札幌農学校

人たちにはとても希望を持っている」と書いた山陽の大きな志（Ambition）*7をとても尊敬しています。山陽は『日本外史』を遺して、東山*8に埋葬《まいそう》されましたが、その本、『日本外史』から新しい日本が生まれたのです。

たった一人の思想が革命をおこすこともある

200年前の英国に、痩《や》せて背が低く、病弱な学者がいました。無名で、役立たずだと思われていて、いつも貧しく、裏通りの粗末な家に住んで、近所の人にも、何をして生活しているのだろうと噂《うわさ》されていました。**しかし、彼には、「人間は非常に価値のあるものである。個人は、国家よりも大切である」という大きな思想がありました。**

17世紀中頃、ヨーロッパは、国家主義（ナショナリズム）の国ばかりで、イタリアもイギリスもフランスもドイツも、自国の国家という共同体を第一に考えるような風潮が社会全体を支配していました。そのため、この説

の一期生に残した言葉"Boys, be ambitious.（少年よ、大志を抱け）"の影響も見て取れる。

*8　現在の京都市東山区。

*9　ジョン・ロック（John Locke）［1632〜1704］イギリス経験論の代表的哲学者、政治思想家。哲学的には認識論の革新者で、認識の起源を経験に求め、生具観念を否定して、感覚と反省から得られた観念の一致あるいは不一致の知覚が認識にほかならぬとした。宗教的には人間の知性に基礎を置いた寛容論で、政治的な意味での信教の自由の確立の基礎づけを行った。政治思想では王権神授説に反対して社会契約説をとり、最高権力は人民にあり、政治は人民の同意のもとに行われねばならぬと主張し、アメリカ独立革命、フランス革命に影響を与えた。この点で、近代民主主義の政治原理の確立者とされる。

はまったく受け入れられませんでした。どんなに権力がある人が「個人は国家よりも大切である」と主張しても、実現できないことはわかりきっていたので、この学者は、裏通りに引きこもって、本を書いたのです。それがジョン・ロック[*9]の『人間知性論』[*10]です。

　この本はフランス語に訳され、ルソー[*11]や、モンテスキュー[*12]や、ミラボー[*13]が読みました。そして、ロックの思想が、フランス全土に行き渡って、ついに１７９０年フランス革命が起こり、２８００万人の国民が革命に参加しました。

　これが引き金となって、ヨーロッパ中に

＊10　１６８９年刊。従来「人間悟性論」と訳されてきたが、「悟性」がカント的な意味で「感性」および「理性」との範疇《はんちゅう》的な区別を想起させること、ロックがunderstandingに相当するラテン語としてintellectusを予定していたことを根拠に、最近では「人間知性論」と訳されることが多い。

＊11　ジャン・ジャック・ルソー（Jean＝Jacques Rousseau）［１７１２〜１７７８］フランスの思想家、文学者。貧困の中で徒弟時代を過ごし、旧体制下のフランス、イタリアを放浪した。１７３１年からバラン夫人のサロンに出入りしたのち、１７４２年パリに出て百科全書派と交友、『百科全書』に寄稿した。１７５０年『学問芸術論』がアカデミー懸賞論文に当選、文名を高めた。次いで『人間不平等起源論』（１７５５年）、『社会契約論』（１７６２年）などを発表し、文学的著作として『新エロ

大きな変革が起こりました。

19世紀初頭にも、この著書がもとで、ヨーロッパは再び動き、アメリカ合衆国が生まれ、フランスは共和制になり、ハンガリー革命、イタリア独立も起こりました。ジョン・ロックはこのように、ヨーロッパの革命に絶大な影響を及ぼしました。

めぐりめぐって、日本にもひとりひとりの人間が国家よりも大事であるという思想は広まっています。**どこまで実行できるかはわかりませんが、個人の力を強くすることが私たちの願いです。**

ロック以前にも、同じような思想を持つ人はいました。しかし、ロックはその思想を『人間知性論』という本にまとめて死にました。**本を書いたおかげで、ロックの思想は、今日の私たちにも確実に伝わっています。**ロックは身体が弱く、社会的な地位もとても低かったのですが、結果的に今日のヨーロッパを支配する人になったといえるでしょう。

イーズ』(1761年)、『エミール』(1762年)、『告白録』(1770年脱稿)を執筆した。
*12 シャルル・ド・モンテスキュー(Charles=Louis de Secondat de la Brède et de Montesquieu)[1689〜1755]フランスの啓蒙思想家、法律家、歴史家。1721年匿名で発表した『ペルシア人の手紙』でフランスの政治と社会を風刺、一躍脚光をあびる。48年には著名な『法の精神』をやはり匿名で発刊した。同書で説かれたいわゆる三権分立の理論は後年アメリカ合衆国憲法に影響を与えるなど近代の憲法理論に強く影響を及ぼしている。
*13 オノーレ・ミラボー(Honoré Gabriel Riqueti, comte de Mirabeau)[1749〜1791]フランス革命期における立憲王政派の政治家。憲法制定国民議会での最もすぐれた雄弁家であり政治的英才と

文学は自分の死後も戦い続けてくれる

思想を遺すのは大事業です。**思想を遺すことで、将来に向けた事業を遺したといえるでしょう。**

ただ、ここで注意しておきたいのは、文学者のことです。自分の文章が雑誌に載れば、自動的に文学者になれると思っている人もいます。文学は誰にでもできると思われているせいで、今、文学は、怠《なま》け者の学生のおもちゃになっています。日本では文学は、とても気楽なもので、別荘にこもって執筆すると羨《うらや》ましがられます。福地源一郎[*14]が、不忍池《しのばずのいけ》[*15]のそばに別荘を建てて、日蓮上人[*16]をテーマにした脚本を書いているのですが、それが風流だと思われたりするのです。日本人が文学者をどのように考えているのかは、絵草紙[*17]を見ればわかります。絵草紙には、赤い御堂の中で、美しい女性が机に向かい、月が昇《のぼ》るのを、筆をかざして眺めている絵がよく描かれ

して知られた。１７８９年、第三身分代表として全国三部会に選出され、全国三部会および国民議会に主導的役割を果し、「人権および市民権の宣言」の起草に参画し、１７９１年１月国民議会議長となった。

*14 福地源一郎［１８４１〜１９０６］新聞記者、政治家、劇作家。号は桜痴。安政５（１８５８）年江戸に出て徳川家に仕えたのち、幕府の通詞として使節に随行して渡欧。慶応４（１８６８）年『江湖新聞』を発行。発行停止処分を受けて一時役人になったが、１８７４年12月『東京日日新聞』に入社し、１８７６年社長に就任。明治政府の方針を反映した署名入りの社説は言論界、実業界、政界に影響力をもち、１８７９年東京府会議長に推され、１８８２年立憲帝政党を組織した。一方、前後４回に及ぶ外遊の見聞から演劇改良運動に心を寄せ、１８８８年同新聞社を去ってからそ

ています。これは紫式部*18の『源氏物語』に出てくるような風景です。これが日本風の文学者です。しかし、文学がこんなものなら、後世に遺すどころか、害でしかありません。『源氏物語』は確かに美しい文章で書かれているかもしれませんが、『源氏物語』が日本人の魂《たましい》を奮い立たせるために何をしたかというと、何もしないどころか、女性のような意気地なしにしてしまいました*19。だから私は『源氏物語』のような文学は根絶したいと思っているのです。

そんなものが文学なら、カーライルのように、「文学なんか読んだことがない*20」と言ってやりたいくらいです。文学はそんなものではありません。文学は世界に対して戦いを挑むための道具です。今戦えないから、将来に向けてずっと戦うのが文学です。文学者が机の前に座るときというのは、ルーテル（ルター）*21が宗教改革の引き金になった文書を撤回するように命令されて、ウォルムスの国会に召喚《しょうかん》されたときや、ローマで牢獄《ろうごく》にいたパウロ*22のところにアグリッパ王*23がやってきて、キリスト教の布教活動につ

の運動に専念。翌年千葉勝五郎と歌舞伎座を建設した。

*15　東京都台東区、上野公園内の南西部にある池。周囲約2キロ。

*16　日蓮［1222〜1282］鎌倉時代の僧。日蓮宗の開祖。安房《あわ》の人。12歳で清澄寺に入り天台宗などを学び、出家して蓮長と称した。比叡山などで修学ののち、建長5年（1253）「南無妙法蓮華経」の題目を唱え、法華経の信仰を説いた。辻説法で他宗を攻撃したため圧迫を受け、『立正安国論』の筆禍で伊豆の伊東に配流。許されたのちも他宗への攻撃は激しく、佐渡に流され、赦免後、身延山に隠栖。武蔵の池上で入寂。

*17　江戸時代に作られた、女性や子ども向きの絵入りの小説。表紙の色により赤本・黒本・青本・黄表紙などに分けられる。草双紙。

いて質問しようとしたときや、クロムウェルがダンバー[*24]の戦場で剣を抜いたときと同じです。自分の信じている思想が厳しく試される緊張感あふれる状況なのです。この国や社会をよくするために、世界の敵や悪魔と戦争することなのです。ルターが部屋で何かを書いていると、悪魔が出てきたので、インクスタンドを投げつけたという話があります（これは歴史学者に聞くと、後で作られた話のようですが）。これが文学です。私たちはいろいろな理由があって、事業をすることができないので、インクスタンドを悪魔に投げつけるのです。**今、事業をするのではなく、将来もずっと戦いを続けたいと思い、その思想を紙に書き遺してこの世を去るのが文学者のAmbition（大きな志）です。**それが、私たちが後世に遺す贈り物であり、文学者の事業です。神が許してくれるなら、神に感謝して、そういうことをしたいと思います。

有名なウォルフ将軍[*25]がケベック州を攻略するとき、グレイ[*26]のエレジー[*27]を暗唱しながらこんなことを言いました。「ケベック州を攻略するより、こ

＊18　紫式部［973頃〜1014頃］平安時代中期の物語作者。漢学者であった藤原為時を父として生れ、母は藤原為信の女で早く亡くなり、父の手で育てられた。長保1（999）年頃年齢の違う藤原宣孝と結婚、後冷泉院の乳母になった大弐三位賢子を産んだが、同3年夫と死別。この寡婦時代に『源氏物語』の執筆を開始したと推定される。寛弘2（1005）年あるいは翌3年の年末、一条天皇の中宮彰子に出仕したが、女房生活にはなじめなかったらしい。その間の事情は『紫式部日記』に詳しい。その点、清少納言とは対照的で、同時代の女流文学者として、和泉式部、赤染衛門らとともに対比されることが多い。

＊19　女性への差別的表現。

＊20　この言葉の出典は不明だが、カーライルはシェイクスピ

のエレジーみたいなものを書きたい」。エレジーはルーテルが書くような過激な文章ではありませんが、この詩が英国人のウォルフ将軍の心を慰《なぐさ》め、それだけでなく、ずっと英国人を励まし続けてきました。

数ページの詩が永遠に人を励まし続ける

トマス・グレイは有名な学者でした。同時代でグレイほどあらゆる学問にくわしい人はほとんどいないくらいで、英国でもっとも博学で多才な文学者でした。グレイが遺した文章や詩は全部まとめても２００か３００ページくらいにしかなりません。しかも、その中に長い作品があるわけではなく、有名なのはエレジーという３００行くらいの詩だけでした（文庫本だと20ページくらいでしょう）。グレイはその詩を書くだけで、48年の生涯を終えました。

しかし、英国という国が存続し、英語という言語が使われる限り、エレ

アヤゲーテなどを除き、フィクションの文学をあまり評価していないことで知られる。

＊21 マルティン・ルター（Martin Luther）［１４８３〜１５４６］ドイツの宗教改革者。初めパウロの「神の義」の解釈をめぐって内面的葛藤に陥ったが、突然啓示を受け、これを神の贈り物としての「信仰による義」であると確信した。ローマ教会の贖宥状（免罪符）発行を攻撃し、１５１７年10月31日九十五ヵ条の提題を発表、キリスト教の内面性を強調し、これがプロテスタント宗教改革のさきがけとなった。ウォルムス国会により放逐されたがワルトブルク城に潜伏（１５２１〜22）、その間ギリシャ語新約聖書をドイツ語に訳した。

＊22 パウロ（Paulo）［10?〜67?］キリスト教史上最大の使徒。聖人。ヘブライ名はサウロ。初めユダヤ教による厳格な教育

ジーは消えないと思います。この詩は本当に多くの人——特に貧しい人、社会に受け入れられない人、志を持っていても、それを世の中に発表できない人——を励ましてきました。**グレイはこの詩で、英国人を永遠に励まし続けているといえるほどです。**

グレイの生き方を心から羨ましく思います。すべての学問を修《おさ》めた人が、48年の人生で、300行の詩しか遺していないのは、何もしていないように思われるかもしれませんが、そんなことはなく、グレイは大事業をやりとげたのです。

ヘンリー・ビーチャー*28が、（これは決して大げさではないと思いますが）「私は60年、

を受け、パリサイ主義を至上のものと信じキリスト教会を迫害した。パウロは生前のイエスと会ったことがない。キリスト教徒弾圧のためエルサレムからダマスカスへ赴く途中、天からの（イエスの）声を聞いて回心し洗礼を受けた。この回心を契機として伝道者としての生活に入り、特に異邦人への布教を使命として小アジア、マケドニアなどへ数回に及ぶ大伝道旅行を行なった。この伝道旅行はきわめて大きな成果をあげたが、ユダヤ人の反感を買い、エルサレムで捕えられ、カエサリア、ローマで入獄生活を送ったのち、ローマ皇帝ネロの迫害によって殺されたという。

*23 ヘロデス・アグリッパス2世（Herod Agrippa II）［27～93頃］ヘロデス・アグリッパス1世の子。アグリッパ2世、ヘロデ・アグリッパ2世とも呼ばれる。ヘロデ大王の曾孫。50年にレバノンのカルキスの王とな

70年生きるより、チャールス・ウェスレー[*29]の書いた"Jesus Lover of my soul"の賛美歌[*30]のような優れた詩を一篇作るような人生がいい」と言いました。ウェスレーをとても尊敬していて、そう言っただけかもしれませんが、この賛美歌を何度か歌うと、深い情感や深い味わいと力強い希望が感じられて、たしかにビーチャーの言ったとおりだと思うのです。ビーチャーも立派な人ですが、この一篇の賛美歌のすばらしさに相当するようなことはしていないと思います。

もし思想があって、それを実行できなくても、紙に書いて後世に遺せば、それは大事業です。別荘で気楽に文章を書き散らすのを羨ましがられるのが文学ではなく、このような大事業こそが、本当に羨ましがられる文学なのです。

心の中をそのまま書けば文学になる

り、53年にピリポおよびルサニアの領地を得、その後ガリラヤ、ペレアの一部も領地に加えられた。

＊24 イギリス、スコットランド南東部、イーストロージアン北東部の町。北海の入り海フォース湾の湾口部南岸にある。856年頃建設された城塞に守られて発展した。

＊25 ジェームズ・ウルフ（James Wolfe）［1727～1759］イギリスの軍人。「四十五年の反乱」の鎮圧戦に参加、スコットランド軍勤務（1749～52）、パリ駐在武官（1752～53）、アイルランド駐留軍主計総監（1757～58）を歴任。七年戦争が始まると、1758年その一局面をなす北アメリカ大陸のフレンチ・アンド・インディアン戦争に従軍、ルイスバーグ攻略戦で武勲をあげ帰国。翌年ケベック攻略軍司令官になり、重傷を負いながら指揮

こういう事業なら私たちもやれるのではないかと言うと、「いや、文学というのは私には無理です。文章なんか書いたことがないし、ちゃんと勉強もしていない。文学者にはなれない」と言う人がいます。『源氏物語』のような美文や、マコーレー[*31]のような叙述文や、頼山陽のような漢文を読んで、こんなふうには書けない、文学には特別な才能が必要で、平凡な人間にはできないとあきらめるようです。それは『源氏物語』のような軟弱なものを文学だと思うからです。文学はそんなものではありません。**文学は心の中をそのまま書くものです。**

ジョン・バンヤン[*32]は学問のない人で、聖書とフォックス[*33]の書いた『ブック・オブ・マータース』しか読んだことがありませんでした。『ブック・オブ・マータース』は私も札幌時代に読みましたが、忍耐力が必要な本で、10ページくらいで挫折しました。クエーカー[*34]の書いた本なので文法が間違っていて、とても読みにくいのです。しかし、バンヤンはこれを全部読んで、「私はプラトン[*35]もアリストテレス[*36]も読んだことはない学問のない人間だけ

を続け、同市攻略成功の報に接したが戦死。

＊26 トマス・グレイ（Thomas Gray）［1716〜1771］イギリスの詩人。イートン校、ケンブリッジ大学に学び、1742年以後は同大学の学寮に居住して隠者的な生活をおくり、のち歴史および近代語の教授に任じられた。1757年桂冠詩人に推されたが辞退。

＊27 Elegy『墓畔の哀歌』。

＊28 ヘンリー・ビーチャー（Herry Ward Beecher）［1813〜1887］アメリカの会衆派の説教者。アマースト神学校、レイン神学校に学び、1847年ブルックリンのプリマス会衆派教会創立時に牧師となり、その説教によって多くの会衆を集めた。晩年は会衆派教会を離脱。

＊29 チャールズ・ウェスレー

れど、イエス・キリストのめぐみを受けた憐れな罪人として、思ったままを書く」と言って、『天路歴程《てんろれきてい》』という有名な本を書きました。

私が一番すぐれた批評家だと思っているテーヌ*37（この間亡くなりました）が、「文章の純粋さでは『天路歴程』以上の作品はない。混じり気がない、もっとも純粋な英語で書かれている」と言いました。そんな有名な本なのに、無学な人が書いているのです。

私たちにバンヤンの精神があるなら、**他人から聞いたつまらない話や、頭の中だけでひねり出した神学について書かず、私はこう感じた、苦しんだ、喜んだということを書けば、同時代の人だけでなく、後世の人も喜んで読んでくれるでしょう。**バンヤンは本当に「真面目な宗教家」です。心の中で起こっていることをそのまま書いて、それが英国の最高の文学になりました。文学者になりたいなら、バンヤンのような気持ちで本を書かなくてはいけません。それができれば、誰でも文学者になれるでしょう。

（Charles Wesley）［１７０７〜１７８８］賛美歌作者。モラビア兄弟団とその宣教師P・ベラーの感化を受け、聖霊降臨祭に回心を体験（１７３８）。１７３９年から巡回伝道の旅に出、のちロンドンのシティ・ロード教会で伝道にあたる（１７７１）。メソジスト運動が生んだイギリス最大の賛美歌作者の一人であり作品数は５５００以上に上る。

*30 『讃美歌21』４５６番「わが魂を愛するイェスよ」。英国の賛美歌で最も有名なものの一つ。

*31 トーマス・マコーレー（Thomas Babington Macaulay）［１８００〜１８５９］イギリスの歴史家、政治家。１８２５年『エディンバラ・レビュー』誌にミルトン論を発表して以後、多数の評論を執筆。その間１８３０年にホイッグ党所属の下院議員となり、１８３４年から１８３８年にかけてはイ

文章がぎこちなくても、思ったことを書けばいい

今ここに丹羽《にわ》先生[*38]はいないので、悪口を言います（笑）。みなさん、言いつけないで下さい（笑）。先日、丹羽先生が青年会[*39]で『基督《キリスト》教青年』という雑誌を発行し、私にも送ってくれました。その後、東京で丹羽先生に会ったとき、「どうですか」と感想を聞かれたので、本当のことを言いました。

「失礼ですが、いただいた雑誌はトイレットペーパーとして使っています」

丹羽先生はもちろん激怒しました。私は理由を言いました。

「それは、この雑誌がつまらないからです。優れた論文が載っていないからではありません。若者が若者らしくないことを書くからつまらないのです。学者の真似をして、いろいろな本から切り貼りして、くだらない議論を書くから、読む気がしなくなるのです。もし若者が素直に自分の気持ち

ンドで西洋式教育制度の導入や刑法典の起草に尽力した。帰国後『イギリス史』の執筆を始め、1848年に第1、2巻を発表して大成功を博した。

＊32　ジョン・バンヤン（John Bunyan）［1628～1688］イギリスの説教者、宗教文学者。家業の鋳掛け屋を継ぎ、内乱に際しては議会側に立って戦った。妻の影響によって信仰の道に入り、説教活動を始め、王政復古後は非合法説教のゆえに投獄されたが信仰を捨てなかった。

＊33　ジョン・フォックス（John Foxe）［1516～1587］イギリスの宗教家。オックスフォード大学に学び、1553年大陸に渡り59年帰国。大陸滞在中プロテスタント迫害の歴史『殉教者伝』（ラテン語版）を著わして好評を博し、63年その英語版を公刊。"The Book of Martyrs" あるいは「フォック

を書いてくれたら、私はこの雑誌をハードカバーに装丁して、私の蔵書の中で、もっとも価値のある本として大切にします」と言いました。

それからその雑誌はかなり改善されました。私のような読者や社会は、優れた評論を読みたいのではなく、老若男女がそれぞれ本当に思っていることを知りたいのです。それが文学です。

思ったままを文章で表してみて下さい。そうすれば、文章が多少ぎこちなくても世の中の人は読んでくれます。それが私たちの遺すべきものです。もし何も後世に遺すものがなければ、思うままを書けばいいのです。

心にわいた思想をそのまま書く

私の家に、高知出身の家政婦がいて、家事をして、母親のように私の面倒を見てくれます。そしてとても面白い女性です。彼女は手紙を書く時、思ったままを、とても荒々しく書くのです。自分のふるさとの言葉である

スの殉教書」と通称されて、多大の反響を呼んだ。

＊34　キリスト教プロテスタントの一派。正式にはフレンド派。17世紀半ばに、英国でジョージ・フォックスが創始、まもなく米国に広まった。キリストへの信仰により神の力が人のうちに働くとし、霊的体験を重んじ、教会の制度化・儀式化に反対。絶対的平和主義を主張し、両世界大戦時に多数の良心的戦争反対者を生んだ。なお、内村は『ブック・オブ・マーターズ』のことを「クエーカーの書いた本」と述べているが、これは同書の著者であるジョン・フォックスとジョージ・フォックスを混同していると考えられる。

＊35　プラトン（Platon）［前427〜前347］ギリシャの哲学者。アテネの名門に生れ若くしてソクラテスと交わり、ソクラテスの不条理な死と当時の政治情勢に対する失望から哲学の

土佐弁を使って、ひらがなで長々と書きます。（坂本さん*40がここで、土佐弁がどういうものか披露《ひろう》してくれるかもしれません（拍手）。とても豊かな言葉です）。読むのに苦労しますが、読んでいると私はいつもうれしくなるのです。

　彼女はキリスト教の信者ではありませんが、こんな信心深い一面があります。毎月三日月の頃に、「小銭を6厘《りん》*41下さい」と言うので、何に使うのかと聞くと、「いいから下さい」と理由を言わず、小銭を渡すと、豆腐を買ってきてお月さまにお供えをしたのです。「旦那様のために三日月様にお祈りをしないと悪いことが起こる」と言うの

道に入った。著作のほとんどはソクラテスを中心とする対話篇である。後年アテネにアカデメイアを創設し、真に理想国家の統治者たるべき人材の養成をはかった。

*36 アリストテレス（Aristoteles）［前384〜前322］ギリシャの哲学者。17歳のときアテネに出てプラトンの門下生となった。一度マケドニアに帰り、アレクサンドロス大王を教育した。前335年再びアテネに出てリュケイオンを開いた。政治、文学、倫理学、論理学、博物学、物理学などほとんどあらゆる学問領域を対象とし分類と総括を行なった。

*37 イポリット・テーヌ（Hippolyte Adolphe Taine）［1828〜1893］フランスの批評家、歴史家、哲学者。エコール・ノルマル・シュペリュール（高等師範学校）に学んだが、自由主義的思想を危険視されて

です。
それ以来私は感謝の気持ちをこめて、毎月6厘を渡します（笑）。七夕《たなばた》の日も、いつも私のために、七夕様に団子や梨や柿をお供えします。私を大事に思ってくれて、月や七夕の星にお供えをしてくれるのはとてもありがたいことだと思っています。
そんなやさしいところのある彼女の手紙は、学者の文章が載っている『六合雑誌[*42]』よりすばらしい文章です。他人の心に訴える、本当の文学です。**文学とは何でもない、私たちの心に訴えるものなのです。**
文学がそういうものなら（そうあるべきなのですが）、私たちは文学者になろうと思えばなれます。文学者になれないのは、書いたことがないからでも、漢文が書けないからでもありません。心に思想がわいてきたそのままをバンヤンのように書き出すことができるなら、それが最高の文学です。カーライルの言ったとおり「深く突き詰めると、その深いところには必ず音楽がある[*43]」というような文章です。

大学教授への道を断たれ、文筆活動に転じた。

*38　丹羽清次郎［1865〜1957］東京キリスト教青年会（YMCA）主事。

*39　キリスト教青年会Young Men's Christian Associationの略称。青年の道徳的荒廃をキリスト教を通じて救済する目的で、1844年ロンドンでG・ウィリアムズらにより創設された。その後各国に広まり、55年「世界YMCA同盟」が結成された。日本では80年東京に創設され、演説会の開催、機関誌『六合雑誌《りくごうざっし》』の発行などにより、知識青年に強い影響を与え発展、1903年全国組織として日本基督教青年同盟が生れた。現在も全国に数万の会員を擁し、多方面にわたる活動を行っている。

*40　坂本直寛［1853〜1911］土佐の民権運動家。後牧師となる。第6回夏期学校の

私の経験からも、文天祥《ぶんてんしょう》*44や白楽天《はくらくてん》*45が書いた文章を表面的に分析して、それをまねようとして書いた文章より、誤字脱字があったとしても、自分の思ったままを書いたほうが、自分で読んでも、他人が読んでもいい文章になるようです。それが文学の秘訣《ひけつ》です。

こういう文学なら誰でも遺すことができます。**事業を遺せなくても、神様が言葉や文学を与えて下さったので、考えを後世に遺せるというのはすばらしいことではないでしょうか。**

人に教えるには才能が必要

しかし、そこでまた問題が出てきます。財産を築けず、事業もできず、そんな人がみんな文学者になったら、出版社や製紙業者がもうかるだけで、社会の役には立たないのではないでしょうか。

講師の一人。「雑感」「キリスト教信徒の幸福」と題して講演した。

*41　1厘は1円の1／1000。明治時代の1円は現在の2万円に相当するので6厘は約120円ほど。

*42　明治・大正期のキリスト教系の思想雑誌。1880年10月小崎弘道、植村正久らが東京キリスト教青年会を起こし、その機関誌として創刊した。1921年廃刊。

*43　出典は不明だが、カーライルの名言として欧米の引用句事典に収録されている。"If you look deep enough you will see music; the heart of nature being everywhere music."

*44　文天祥［1236〜1282］中国、南宋末の宰相。吉水（江西省）の人。字は宋瑞、履善。号は文山。宝祐3（125

さらには、文学者になれず、バンヤンのように書くことができないなら、後世に何を遺せばいいのでしょう。

そのことを考えてみて思ったのは、文学者になるのは簡単ですが、誰でもなれると思うのは間違いではないかということです。大学に入って単位をとって卒業し、米国に留学しさえすれば、大学教師になれると思うのと同じです。

お世話になったアマースト大学の教頭のシーリー先生[*46]が「この学校は給料さえ出せば、いくらでも学者を雇うことができる。地質学、動物学の研究者、学者は世間にたくさんいる。文学者も多い。しかし、それを教えられる人は少ない。うちの大学には3、40人の教授がいて、みんなとても貴重な存在だ。なぜなら、学問を学んだだけでなく、それを人に教えられるからだ」と言ったことをとてもよく覚えています。

学校さえ卒業すれば、教師になれると考えてはいけません。教師には特別の才能が必要です。**よい先生は必ずしも立派な学者ではありません。**こ

5）年進士に及第。当時増大しつつあった元の圧力に対して終始強硬策を唱え、そのために免官されたがその後復職。兵を率いて抗戦に努めたが敗れ、講和のために元軍に派遣された際、逆らったため拘留され、その間に宋は滅亡。のち脱走して度宗の長子益王を助け、宋朝回復に努めたが敗残の身となって再び捕えられ3年間入獄、刑死した。詩人としてもすぐれ特に獄中での『正気の歌』は有名。

*45　白楽天［772〜846］白居易。中国、中唐の詩人。太原（山西省）の人。字、楽天。号、香山居士。貞元16（800）年進士に及第。翰林学士、左拾遺などを歴任、元和10（815）年太子賛善大夫のとき罪を得て江州司馬に左遷され、その後地方の刺史や刑部侍郎など中央の官を経て、会昌2（842）年刑部尚書として辞任、のち没して尚書右僕射を贈られた。全集『白氏文集』は日本でも平安時

こにいる同級生の大島君*47も知っているように、私たちが札幌農学校で学んでいた時、クラーク先生*48という人がいて、植物学を教えてくれました。

当時はほかに植物学者がいなかったので、先生の言うことは間違いないと思っていたのですが、米国に行くと、クラーク先生の化けの皮がはがれました。他国のある学者が「クラークが植物学の講義をするとはお笑いだ」と言っていたのです。けれどもクラーク先生にはすばらしい影響力がありました。若者に植物学の魅力を伝えて、若者が自分から、どんどん植物学に興味を持つように導くことができる人だったのです。

代以来広く愛読され日本文学に大きな影響を与えた。

*46　ジュリアス・シーリー（Julius Hawley Seelye）［1824〜1895］アマースト大学卒業後ドイツのハレ大学で哲学を研究。帰国後母校の哲学教授。1876年総長。教育者説教者として功績があった。内村鑑三は同大学に在学中、彼の信仰的感化のもとに回心を経験し、終生彼を恩師として尊敬した。

*47　大島正健［1859〜1938］札幌農学校第1回卒業生。内村鑑三の親友の一人。札幌農学校で教壇に立つかたわら、長く札幌独立基督教会の牧師の任にあった。第6回夏期学校の講師。著書に『支那古韻史』（1929）、『クラーク先生とその弟子たち』（1937年）などがある。

*48　ウィリアム・スミス・クラーク。

植物学教師としては貴重な存在でした。

学問をすれば教師になれると思ってはいけません。教師になる人は学問ができるより（学問もできるに越したことはないですが）若者に教えられる人でなければなりません。**教えるというのはひとつの技術です。**これは言い換えれば、文学者や教師になりたいと思っても、結局、誰にでもできるものではないということなのです。

文学はひとりでできる

お金も事業も遺せない人が文学者や教師になって思想を遺せるかというと、そうではありませんが、文学や教育は事業やお金もうけよりは簡単です。

なぜならひとりでできるからです。とくに文学は独立してできる事業です。ミッション・スクール[*49]でも、大学でも自由に自分が信じている思想を

＊49　宗教の宣布・伝道のための手段として、伝道団体（ミッション）の手によって設けられた学校。なかでも、キリスト教圏以外の土地で設立・経営される学校を指すのが普通である。

教えるわけにはいきません。教育は独立事業にはなりにくいのです。

けれども文学は世間から指図されず、自由にできます。多くの独立を目指す人が、政界をやめ、宗教界に来て、宗教界をやめ、教育界に来て、教育界をやめて文学界に来るのはそのためです。多くの偉大な人が今までにも文学に逃げ込んで来ました。文学は独立の思想を維持するのに、もっとも便利な隠れ場所なのかもしれません。しかし、誰にでもできることではありません。

誰もが後世にのこせる唯一のもの

資産家にも、事業家にもなれず、本も書けず、教えることもできなければ、役に立たない平凡な人間として、何も遺さずに消えてしまうのでしょうか。

陸放翁《りくほうおう》*50が「我死骨即朽《わがしこつすなわちくつるも》　青史亦無名《せいしにまたななし》（私が死んで骨がぼろぼろになっ

＊50　陸放翁［1125～1210］陸游ともいう。中国、南宋の文人。山陰（浙江《せっこう》省）の人。字は務観。号、放翁《ほうおう》。南宋第一の詩人として、北宋の蘇東坡（蘇軾）と並称される。激情の愛国詩人であるとともに日常の生活をもこまやかに歌い上げた。

ても、私の名前は歴史には残らない）と嘆《なげ》いたように、私も時々絶望しそうになります。

けれども、今度こそ、本当に誰にでも遺すことのできるものがあります。お金も事業も文学も思想も、本当の「最大遺物」ということはできません。

なぜなら、誰もが遺せるものではなく、しかも遺した結果が害になることもあるからです。昨日もお話ししましたが、お金は有効に使われなければ害になります。クロムウェルやリビングストンがしたことは有益でしたが、植民地政策につながるなど、マイナス面もある事業だったということもできます。本を書いても、読む人次第で、よい影響だけを与えられるとは限りません。そういうものは最大遺物とは呼べません。

ひとりの人の一生の価値に勝るものはない

では最大遺物とは何でしょうか。

後世に誰でも遺せて、有益で害にならないものは、勇ましくて高尚な人の一生です。これが本当の遺物ではないかと思います。

「世の中は悪魔ではなく、神が支配するものである。失望ではなく希望があるのが世の中である。悲しみではなく喜びに満ちた世の中である」と信じて生きていくことなら、誰にでもできます。今までの偉人の事業や文学者の遺した本は、偉大ですが、その人の一生に比べれば価値が小さいのではないでしょうか。

パウロの手紙とパウロの一生を比べると、パウロ自身の方がパウロの書いた12の信徒への手紙[*51]、ガラテヤの信徒への手紙[*52]より偉大です。クロムウェルがアングロサクソンの国を建国したのは大事業ですが、クロムウェルが当時政治家になって、自分の思想を実行し、神様の恩恵で勇敢な一生を送ったことの方が、クロムウェルの建国の事業より10倍も100倍も重要なことではないでしょうか。

＊51　パウロが第3伝道旅行の終り近く、コリントから、まもなく訪ねる予定の未知のローマ教会にあてて、いわば神学的自己紹介として書いた手紙。比較的詳細かつ体系的に、彼の信仰理解の核心を提示している。

＊52　新約聖書中の一書。48年ごろ、パウロがガラテヤの諸教会に送った手紙。ロマ書とともに、パウロのキリスト信仰がよく表現されている。

どんなに立派な本でも書いた人の一生には敵わない

私はもともとカーライルを尊敬していて、カーライルの本をよく読んでいました(それで私は批判されることもあったのですが)[*53]。何度読んでも得るものがあり、刺激も受けましたが、カーライルの伝記を読むと、カーライルの一生に比べれば、カーライルが書いた40冊ほどの全著作は価値が小さいと思いました。

カーライルの一番有名な本は『フランス革命史』です。歴史家も、イギリス人が書いた歴史書では、この本がもっともすぐれているもののひとつだろうと言っています。読めばみなさんもそう思われるでしょう。フランス革命をまるで目の前で起こっていることのように、映像が流れるように、いきいきと活写しています。どんなに優れた画家でも、そんなふうには描けないと思います。こんな本が読めて幸せだと思うくらい価値のある本で

*53　カーライルは晩年キリスト教への信仰をなくしたためとも考えられる。

す。

けれども、カーライルがこの本を完成させるまでの苦労を書いた伝記を読むと、カーライルの一生はこの本よりも、さらにすばらしいと思えるのです。長くなりますが、お話ししたいと思います。

カーライルはこの本を書くのに一生をかけました。特に長い本ではなく、誰にでも書けそうですが、歴史を詳細に研究し、史料をいろいろ取り寄せて読み込んで、情熱と労力を注いで書きました。何十年もかかってやっと望み通りの本が書けたので、そのうち出版しようと思って、清書して原稿にしました。

そんなとき、友人が遊びに来たので、それを見せると、友人はちょっと読んでみて「面白そうだから、今夜一晩かけて全部読みたい」と言いました。カーライルは、他人の厳しい目で見てもらって、その感想を聞きたいと思ったので、原稿を渡しました。持って帰った友人の家に、また別の友人が来て、その原稿を見ると、その友人も、面白そうだから貸してくれと言いました。最初に借りた友人は、明日返してくれるなら貸してあげようといって、原稿を又貸ししました。

又貸ししてもらった友人は、明け方までかかって読み終わり、翌日は仕事があったので、本を机に置いて寝てしまいました。そこへ、家政婦がやってきて、ストーブの火を焚《た》こうとして、ストーブを燃やすのにいい紙ゴミはないかと見回すと、机の上に原稿があったので、それを丸めてストーブに入れて燃やしてしまいました（西洋では、木片の代わりに、紙をストーブに焚《く》べるのが習慣なのです）。

挫折せずに勇気を出した

なんということか、カーライルが何十年もかけて書いた『フランス革命史』を燃やしてしまったのです。原稿は、3、4分で灰になってしまいました。起きてそのことを知った友人は驚きのあまり言葉を失いました。他のものなら弁償できます。

紙幣を燃やしたら、同額の紙幣を返せばすみます。家を燃やしたら、家を建て直して弁償できます。しかし、何十年もかけて情熱を注いで書いた思想の結晶が燃えてしまったら、決して元通りの原稿にすることはできず、つぐなうことは不可能です。お詫《わ》びに切腹したとしても、原稿は戻ってきません。

それで最初の友人に、どうしたらいいかと相談しても、もちろん最初の友人もどうしようもありませんでした。お詫びの言いようもなくて、1週間カーライルには黙っていました。しかし、そのままにしておくわけにはいかないので、結局カーライルに正直に話しました。

さすがのカーライルも、それを聞いて、ショックのあまり10日くらいぼんやりして、何もできなかったそうです。放心状態から戻ると、もともと短気な人だったので、猛烈に腹を立てました。あまりに腹が立ったので、心を落ち着けるため、歴史の本のような真面目な本ではなく、何の役にも立たない、つまらない小説を読んでいました。つまらない小説を読んでいると、カーライルはだんだん冷静になってきて、自分にこう言い聞かせました。

「お前は愚かな人間だ。お前の書いた『フランス革命史』はそんなに立派な本ではない。**一番大事なのはお前がこの不幸に堪えて、もう一度同じ本を書き直すことなのだ。**それができれば、お前は本当に偉くなれる。原稿が燃えたくらいで絶望するような人間の書いた『フランス革命史』は出版しても世の中の役に立たない。だからもう一度書き直せ」。こうやって自分を奮い立たせて、もう一度同じものを書きました。

たったこれだけの話ですが、これが『フランス革命史』の本ができるまでのエピソードです[*54]。

原稿を燃やされたカーライルは本当に気の毒ですが、カーライルが偉いのは、『フランス革命史』を書いたからではなく、原稿が燃えても、同じものを書き直したからです。**失敗したり、挫折したりしても、事業を捨て**

＊54　ここに語られている原稿焼失事件で、カーライルが原稿を貸した相手は思想家、経済学者のジョン・スチュアート・ミルで、ミルが又貸しした相手は後にミルが結婚することになるテーラー夫人であったと言われている。ミルは、カーライルに200ポンド（現在の日本円で約2000万円くらいに相当か）を贈り、カーライルは執筆中の1年間の生活費としてその半分だけ受け取った。

ず、気持ちを立て直し、勇気を出して、もう一度事業に取り組まなければなりません。書き直すことでそれを教えてくれたカーライルは、後世にとても大きな遺物を遺したことになります。

今の私たちに足りないものはお金ではない

今の世の中で何が問題かというと、お金がなく、よい事業がなく、よい本がないことだとよく言われます。しかし、日本人に足りないのは果たして本当に、お金や事業や本なのでしょうか。確かに、そういうものが十分とはいえませんが、**今一番足りないのは元気（Life）ではないでしょうか。**

最近は学問や教育、すなわち文化（Culture）が大事だと言われます。私たちは若者に学問をさせ、教育して、後世に偉大なものを遺せるようにしなければならないと思っています。それはよいことですが、100年後にこの世に生まれた人は、明治27年の歴史を読んで、どう思うでしょう。「こんなところや、あんなところに学校や教会や青年会館ができた。それは、米国へ行って投資してもらったり、こういう運動をして建てたものである」と書いてあったとします。読者は「ああ、私にはとてもそんなことはできない。米国へ行って投資してもらったり、人と一緒に何か事業をするほどの力はない」とやる気をなくしてしまうかもしれません。50年後、100年後の人は、学校や教会という建物を受け継ぐことはできますが、建物は、何かをしたいと思う原動力を与えることはできません。だとしたら、後世の人は、私たちの時代から、何も大切なものをもらっていないことになります。

しかし、ここに、ほとんど不動産としての価値がない小さな教会があったとします。**「教会を建てた人は貧しく、学問もなかったが、一生懸命節約して、ほかにやりたいことをがまんして、自分ひとりの力でこの教会を建てた」という歴史がどこかに書かれていたら、後世の人が、「貧しくて、無学な人にでもできることなら、私にだってできる、私もやってみよう」**

と思って勇気が出るのではないでしょうか。

二宮金次郎の生涯に励まされる

ここで、近世の日本、いや、世界の英雄と言ってもよい人物についてお話ししましょう。この箱根山の近所に生まれた二宮金次郎[*55]です。伝記を読んで、私はとても感激しました。

金次郎の事業はあまり知られておらず、20か30の村を救っただけだと思われているかもしれません。**しかし、その一生が、私をはじめ、多くの日本人に大きな勇気を与えているのは、金次郎が事業ではなく、彼の一生という贈り物を遺したからです。**

金次郎は14歳で父を、16歳で母をなくし、貧しい孤児として、意地悪な伯父さんに預けられました。弟、妹が一人ずついました。伯父さんの家で、手伝いをし、養ってもらっていました。金次郎が夜、本を読んでいると、

＊55　二宮金次郎［1787〜1856］二宮尊徳。江戸時代末期の農民思想家。14歳のとき父を、16歳のとき母を失い、田畑は酒匂《さかわ》川の洪水によって流失して伯父の家に寄食。苦学して一家を再興し、田畑約4町歩をもつ地主となった。文政1（1818）年旧主小田原藩家老服部家の家政改革を託され、手腕を認められて小田原城主大久保忠真から模範篤農家として表彰された。さらに小田原藩領下野桜町、駿河、相模、伊豆の3国、常陸国真壁、芳賀両郡、幕府の日光神領90ヵ村などの復興に従事。天保13（1842）年御普請役格に任じられたが、安政3（1856）年日光神領の復旧に参与中、病死。

「高価な灯油を読書の灯りに使うのはもったいない。灯油を無駄なことに使うな」と伯父さんに叱られました。それで、金次郎は自分で灯油を手に入れられるまで、本は読まないでおこうと決心しました。

そして、川辺の誰も知らない場所に菜種を植え、一年かかって、5、6リットル分もの菜種を収穫しました。これを油屋へ持って行って、灯油と交換して、その灯油を使って本を読んでいました。すると伯父さんにまた叱られました。「灯油がお前のものだからといって、本を読んでいいと思ったら大間違いだ。お前の時間は私のものだ。読書みたいな無駄なことをしている暇があったら、その間に縄を編め」と言われたのです。しかたがないので、金次郎は一日中働いたあと、夜中に本を読みました。

金次郎は、村のお祭りの日や、遊びに行くことが許されている、働かなくてよい日、つまり、伯父さんの時間ではない自分の時間に、近所の畑で、水が溜まって沼のようになっているところに水を引いて、小さい鍬《くわ》を使って耕して、稲を植えました。

その年、初めて一俵[*56]の米を収穫することができました。自伝には「米一俵を収穫できたときは、本当にうれしかった。これは天が初めて私に直接与えてくれたものだったので、一俵でも百万の価値があった」と書いてあります。

そんなふうに働きながら苦学して、二十歳のときに3、4俵の米を持って伯父さんの家を出ました。それ以後、金次郎は独立した人生を歩み始めました。

金次郎は**「この世を造った天は、いつも人間を助けようと思って、私たちに恩恵を与えてくれる。だから、私たちが天の自然法則に従えば、天は自然に私たちを助けて**

*56 約60キログラム。

くれるのだ」という思想を持っていました。その思想を実行し、徳川時代の終わりに、経済や農業改革で大きな功績を遺し、何万石[*57]という村の暮らしを改善しました。

恵まれない境遇でもできることがあるかもしれない

二宮金次郎の一生を見ると、「恵まれない境遇の人にもあんな立派なことができたのだから、私にもできそうだ」と思えます。

平凡な考え方ですが、とても励みになる考え方です。**他人に頼らず、神と自分の力を信じ、自然の法則に従えば、この世界はわれわれの望むとおりになるのだと思うと、自分の考えを実行できそうに思えてきます。**

二宮金次郎の事業は決して大きなものではありませんが、その一生から、何万人もの日本人が「インスピレーション[*58]」を得ています。みなさんも金次郎の自伝を読んでみて下さい（『少年文学[*59]』の中に『二宮尊徳翁』とい

＊57　1石は1人の成人が1年間に食べる米の量。ここでは何万人も村人がいる、くらいの意味。

＊58　霊感。

＊59　博文館が1891（明治24）年に刊行した「少年文学叢《そう》書《しょ》」のこと。現代では「児童文学」とよばれている子どもを読者とした文学を掲載した。

う文章がありますが、あれは面白くありません）。私が読んだのは、農商務省[*60]で出版した500ページくらいの『報徳記[*61]』という本です。ぜひ読まれることをお勧めします。この本は私たちに新しい理想や希望を与えてくれる、キリスト教の聖書のようです。二宮金次郎のように、神と自分の力を信じて、その思想を実行しながら生きられれば、私たちは大事業を遺したことになるのではないでしょうか。

他の人がやりたがらないことをしなさい

長くなったのでもうそろそろ終わりにしますが、思い出すたびに、深く感動する言葉を紹介しましょう。今日の聴講者にも一人、アメリカのマサチューセッツ州マウント・ホリヨーク・セミナリー[*62]を卒業した方がいらっしゃいます。

この学校は由緒ある、とてもすばらしい女学校です。スミス女学校[*63]、ボ

＊60　明治・大正期の中央官庁の一つ。農林・水産・商業・工業・鉱業などの産業行政一切を担当。1881年創設。1925年農林省と商工省に発展解消された。現在の農林水産省と経済産業省の前身。

＊61　二宮尊徳の伝記。8巻。富田高慶著。安政3年（1856）成立、翌年改訂。尊徳の思想と業績を詳述し、最も信頼できる資料とされる。

＊62　マウント・ホリヨーク・カレッジ。後のメリー・ライオンの解説参照。

＊63　スミス・カレッジ。アメリカの宣教師S・スミス（1796〜1870）の遺志により、マサチューセッツ州ノーサンプトンに設立された女子大学。女子に男子と同等の高等教育を授けることを目的として、187

ストンのウェルズリー学校*64、フィラデルフィアのブリンマー学校*65など、米国には優秀な女学校がたくさんあるので、マウント・ホリヨークは、教育や学問に関しては、必ずしも最高レベルの女学校ではありません。しかし、この学校にはとても大きな影響力があります。今は学校にしっかりした体制がありますが、以前はそうではありませんでした。それが世界に影響を与えるまでになったのは、とても偉大な女性がいたからです。物理学で使う最先端の機械や、宇宙の謎を解明する天文台や、天才学者以上に立派で偉大な魂を持ったメリー・ライオン*66という人です。正義を貫いたその一生は、日本の武士のようでした。その生涯について全部を話す時間はありませんが、ライオンが遺した言葉は、きっと女性を、そして、男性をも励ますものです。

ライオンは、他の人の行きたがらないところへ行きなさい、他の人がやりたがらないことをしなさいと言いました。これがマウント・ホリヨーク・セミナリーの教育方針です。世界に影響を与える原動力です。

1年認可され75年に開設、アメリカ最大の女子大学となった。1918年社会事業学部を設立し、ソーシャル・ワーカーの養成にあたり、また社会学修士の学位を授与することとした。

*64 ウェルズリー・カレッジ。マサチューセッツ州ウェルズリーにある女子大学。1870年女子セミナリーとして認可、75年開校。H・F・デュラント夫妻の、男子と同等の大学教育を女子にも提供したいという願望により設立された。女子大学では最初に科学実験室を設けるなど女子高等教育界で指導的役割を果した。

*65 ブリンマー・カレッジ。ペンシルバニア州ブリンマーにある私立、非宗派の女子大学。芸術、社会事業などの修士課程、博士課程をもつ大学院は共学制。J・W・テーラー・オブ・バーリントンの遺産を基に、フレンド協会によって設立され、18

「他人のしたがらないことをする」——私たちの多くは、他の人がしているからという理由だけで、なんとなく自分もそうしているのではないでしょうか。同級生がアメリカに行くから、自分も行く。知人が政治活動をしているから自分もする。もっとひどい場合には、友人がキリスト教の洗礼を受けたから、自分も洗礼を受けるという人もいるくらいです。

障害はあればあるだけよい

関東には、関西にはないよいものがあって、それは「意地」です。関東人は意地という言葉をよく使います。意地っぱり、意地が強い人のことを、つむじ曲がりと言ったりしますが、そういう人は、本当に頭のつむじが普通の人とは逆向きに巻いている（丸刈りだとわかりやすいのですが）という話もあります。とにかく、つむじ曲がりな人は、人が右へ行こうと言うと、自分は左へ行くといい、ああしようといえば、こうしようと言うよう

80年に認可、カレッジ水準の講義は85年に開設。ジョンズ・ホプキンズ大学の総合カリキュラムをモデルにした教育計画を定め88年最初の学士号を授与。アメリカで学士号を授与した女子大学としては最も古いものの1つ。

＊66 メリー・ライオン（Mary Lyon）［1797〜1849］アメリカの教育家。17歳で教師生活に入り、1817年糸紡ぎと機織りで得た収入でアシュフィールドのサンダーソン・アカデミーにおもむき、自活しながらみずからも他の学校に通った。28年イプスウィッチに女子セミナリーを開設、教師として、経営者としての成功と自分の育てた若い女性の社会的需要とに自信を得、恒常的な教育施設の設立を思い立った。学友の助力で十分な財政的援助を確保し、35年サウスハドレーの近郊に用地を求め、36年マウント・ホリヨーク・セミナリーが認可され、

な性格で、上州人[*67]に多いそうです。[*68]困った性格ではありますが、これは「武士の意地」にも通じるものがあると思います。意地をなくしたら、武士としては終わりです。

よく知られている徳川家康の子ども時代のエピソードに、こんな話があります。家康が川原へ行くと、子どもが2つのグループに分かれて石を投げ合ってけんかをしていました。**家康はこれを見て、家来に、人数の少ない方に味方してやれと言いました。**[*69]

これが、徳川家康が偉大なところです。なぜなら、正義のために戦うのは少数派だからです。

私たちは、味方が少なくても、正義の側について、不正義の多数派の集団に石を投げなくてはいけません。もちろんいつも負けている方を助ければいいというわけではありませんが、少数派と一緒に戦うという「意地」、精神が大事なのです。私たちが正義の少数派として戦うときは、今日ここにいるみなさんはぜひ、私たちの味方についてほしいのです。

翌37年開校。死去までその校長をつとめた。

＊67 今の群馬県。

＊68 関東、関西への偏見。

＊69 一般的に知られるエピソードでは、多数対少数の子どもの石の投げ合いを見ていた家康が、早い時点で、人数が少ない方が勝つと言い、実際にそのとおりになったというものである。家康は人数が少ないほうが結束が固くて統制がとれていることを瞬時に見て取ったと言われている。

後世の人に、「あの人たちは、力も、お金も、学問もないが、自分の一生をかけて、自分の思想のために闘った」と言われたいものです。それは誰でもできることで、どんなにつまらない人生であっても、そう言われるなら、本望だと思います。

「家族さえいなければ」「お金があって、大学に行って、欧米に留学して、知識を身につけられさえすれば」「もしも良い友人さえいれば」……私も大事業ができたはずなのにと思ったことはないでしょうか。誰でもそう思うことはあります。

けれども、金がない、学問がない、友達がない方が、その逆境を克服するという点

＊70　ヤコブ（Jacobus）旧約聖書中の人物。イスラエル民族の祖。イサクとラバンの妹リベ

で、事業を遺すことができます。私たちが神の恩恵を受け、信仰によって、いろいろな不幸に打ち勝つことこそが大事業になるのです。障害があればあるほどいいのです。

もし私に十分なお金や地位があり、家族を養う責任を負っていなければ、大事業ができても、それはたいしたことではありません。たとえ事業は小さくても、すべての障害を乗り越えられたなら、後世の人が私たちの生涯を見て励まされます。それこそが大事業ではないでしょうか。だから、ヤコブ[*70]のように、不幸には感謝すべきではないかと思います。

弱者のために行動することの価値

いろいろ喋《しゃべ》ってしまい、もう時間もないので、これで終わりにします。夏期学校が終わって、来年またどこかでお会いするまでに、みんながそれぞれ「遺物」を蓄積できればと思います。

カの子。ヤコブはイサクに愛されていた双生児の兄エサウから長子権を譲り受け（創世記25・24〜34）、また彼を偏愛した母の策略に従って父を欺いて「もろもろの民はあなたに仕える」との祝福を受けた（同27・1〜29）。さらに兄の復讐を避けるため母の故国ハランに逃れる途次ベテルにおいて夢のなかで神の祝福を受け、目ざめてのちアブラハム、イサクの神と同じ神をみずからの神とする誓いを立て、神の賜物の10分の1を神に捧げることを約した（同28・10〜22）。ハランにおいて彼はラバンの娘レア、ラケル姉妹と結婚、その子らはイスラエルの部族の祖先となった。ヤボクの渡しで神と組打ちをしたことからイスラエル（「神と競う」「神が支配する」の意）と改名（同32・28）、のち彼は飢饉のため食糧を求めてエジプトへおもむいたが、そこで国の司となっていた子ヨセフと再会して幸福な晩年を過した。

一年後会ったときに、「この一年間で後世のためにこれだけお金を貯めた」「こんな事業をした」「思想を書いた論文が雑誌に掲載された」と言い合うのもいいでしょう。**けれどもそれよりもっといいのは、「弱者を助けた」「不幸に打ち勝った」「よい行いをするよう努力した」「勇気を出して正義の味方をした」「私情をはさまずに、公平な判断ができた」などと言えることです。**みんなでそんなエピソードを持ち寄って、また集まりたいと思います。

私たちが毎日少しずつこうした正義を積み重ねれば、それは単なる平凡な50年、60年の一生にはなりません。失敗した接《つ》ぎ木のような、成長のない、価値のない一生ではなく、水も日光も豊かな場所に植えた樹木がだんだん育って、枝が広がっていくように、その思想は大きくなって、後世に遺る一生になると思います。そう思うことが、私の励みであり、そんな一生を送るのが私の最大の願いです。

もうひとつのテーマである、「真面目ではない宗教家」については、時間がないのでお話ししませんが、今日はもう十分私の考えをお伝えできたと思います。

自分の信じる思想を実行するのが「真面目な信者」です。言うだけなら、どんな大きなことでも言えます。どんなに神学を研究しても、哲学書を読んでも、信じている思想を真面目に実行しようと思わなければ、神の教えを知った意味がありません。

私たちは神の教えや、こうだと思ったことを実行しなければなりません。**「最後には正義が勝つ、不正義は負ける」と誰かに言ったら、そうなるように行動しなければなりません。**

後世に遺すものや、後世に記憶してもらえるようなものがなかったとしても、**「あの人は信じる思想を実際に積み重ねて、この世で真面目な一生を送った」という事実を後世の人に遺したいと私は強く願っています。**

先が見えない時代をどう生きるか

『後世への最大遺物』を今読む人へ

解説　佐藤優

「当たり前」が変わる現代

みなさんは本書を読んでどう思われましたか。あるいはまだ手に取って読もうかどうしようか迷っている最中かもしれません。本書を今、私たちがどう読めばいいかをこれから順を追って説明していきましょう。

本書の中に「今一番足りないのはLifeではないでしょうか」という一節があります。Lifeとは、生活、生きること。その動詞はlive、生きる。形容詞のliveは生き生きしている状態を指します。lifeは、キリスト教においては、死後に復活した人が得られる永遠の命のことですが、ここでは人が生き生きと、活性化している状態を指していると考えるのがいいでしょう。つまりlifeがないとは、世の中に、そして若者たち、あるいは多くの人々に元気がないということなのです。まさに現代のことのようではありませんか。

なぜ、現代は元気がない時代なのでしょうか。

いろいろな言い方ができるでしょう。そもそも資本主義経済が行き詰まっており、先行きが不透明です。地域間、階級間、ジェンダー間などさまざまな分野で格差が広がっているのに、国や社会はそれに対する手立てを用意していないように見えます。海外でもたとえば米国の大統領選では富裕層と低所得者層の分断が大きな問題でした。ＳＮＳが発達していて、孤独を感じることはなく、つながりやすくはなっていますが、ちょっとしたことで、言葉尻を捉えられて「炎上」するなど、「相互監視」が厳しく、閉塞感が広がっています。

それに加えて、新型コロナウイルスの感染拡大があり、外出自粛を余儀なくされたり、遠く離れた祖父母や友人と会って話したり、集まることさえ困難になりました。大学の講義など、これまで対面でできていたことができなくなりました。大企業もですが、小規模な企業や飲食店や観光業、運輸業はとりわけ大打撃を受けました。

昨日まで当たり前だったことが当たり前でなくなったことに戸惑い、将来が見えず、大げさに言えば、これからどのようにして生きていけばいいのかわからないという不安に誰もがさいなまれているのではないでしょうか。

恵まれている人とそうでない人の格差が大きく、自分はどんなにがんばっても、ちゃんと生きていくことができないのではないか。あるいはがんばって真面目に生きていくことがバカバカしく思えるという人もいるかもしれません。

当時も格差社会だった

実は本書が書かれた1897年（明治30年、ただし講演は3年前の1894年に行われている）、明治時代半ばも、似たような状況だったのです。明治維新が1868年に起こり、江戸時代から急に国の体制が変わり、何もかもが変化した激動の時代でした。見かけだけをとっても、ちょんまげを結《ゆ》って刀を差して袴《はかま》を穿《は》いていた武士は髪を切って洋服を着るようになって、まったく違う国の人のようになりました。

現代においてデジタル化が進んで、次々とＡＩやＩｏＴなどが仕事の場や生活の場に進出しているように、西洋の新しい考え方や新しい文化や新しい技術がどっと日本に押し寄せてきていました。

本来なら古い江戸の時代から、一転して、新しく明るい希望の時代を迎えていたはずなのですが、そうとばかりも言えなかったのです。というのは、明治時代に、出世といえば、官僚になるか軍人になるかでした。しかし、新しい明治の世に、官僚や軍人として、明治政府の重要なポストについていた人は、江戸幕府を倒し、明治維新を推進した人たちばかりでした。出身地で言うと、薩長土肥[*1]、とりわけ薩長の人たちが国の要職を独占し、世の中を牛耳っていたのです。

反対に、明治維新で幕府の側についた人、「佐幕派」はいわゆる「負け

＊1　薩摩藩、長州藩、土佐藩、肥前藩のこと。薩摩藩は現在の鹿児島県、長州藩は山口県、土佐藩は高知県、肥前藩は佐賀県と長崎県の一部にあたる。

組」として、どんなに優秀で、やる気があってもよいポストにつけなかったのです。薩長土肥以外の出身の多くの若者たちは、立身出世をしたくても、努力が報われませんでした。今の格差社会と同じようなことが明治時代にも起こっていたのです。明治時代は決して国民全員に平等にチャンスがある社会ではなかったからです。

ところで、ＮＨＫのドラマになったことでも有名な司馬《しば》遼《りょう》太郎《たろう》[*2]の『坂の上の雲』という小説があります。史実をもとにしてはいながら、必ずしも厳密な歴史を描いているわけではないフィクションですが、やはりこの時代に薩長土肥ではない、伊予国《いよのくに》松山（今の愛媛県）の出身で、苦労して立身出世を成し遂げた秋山兄弟の物語です。この小説が広く読まれているのも、やはり、薩長土肥以外の藩から立身出世をした人物が描かれているからかもしれません。

官僚や軍人ではなく、国を動かす政治家はどうなのかというと、まだ身分差別があったので、貴族がなる貴族院議員（いまの参議院議員）と貴族

＊2　司馬遼太郎［1923〜1996］昭和・平成期の小説家。大阪府出身。昭和35（1960）年に『梟の城』で第42回直木賞を受賞、昭和41（1966）年に菊池寛賞を受賞した『竜馬がゆく』『国盗り物語』などにより、歴史小説作家の地位を確立。代表作は小説『殉死』『世に棲む日日』『花神』『播磨灘物語』『空海の風景』『翔ぶが如く』『箱根の坂』『菜の花の沖』や紀行『街道をゆく』など多数あり、文明に関する評論・エッセイも多い。

ではない平民がなる衆議院議員に分かれていました。そして平民がなれる衆議院議員の地位は極めて低かったのです。衆議院と参議院では建物の広さからして違います。コロナ対策として、衆議院は、間隔を開けて座らなければソーシャル・ディスタンシングを保てませんでしたが、参議院はもともと広くできていたので、なにもしなくてもソーシャル・ディスタンシングを取ることができたほどです。

また、東京の千代田区、国会議事堂の裏に議員会館という議員が活動するための大きな事務所がありますが、その建物が建設されたのも、第二次世界大戦に日本が負けて、米国の民主主義を採り入れようとした戦後になってからことです。戦後になるまで、議員は、実務を行うための場所も与えられていなかったのです。

ともかく、このように、最初から選ばれた人だけが、高い地位につくことができ、そうでない人々は、キャリアパスを描くことが難しい時代というのがこの本の書かれた背景にあります。

内村鑑三もエリートではなかった

内村鑑三は、高崎藩[*3]の武士の家に生まれ、薩長土肥ではなかったので、エリート組ではありませんでした。英語を学び、北海道に渡って、北海道の開拓のための技術者を養成する北海道大学の前身、札幌農学校で勉強したりするなかでキリスト教に出会い、キリスト教徒になりました。

その後米国のアマースト大学への留学を経て、教師になりますが、今の東京大学の前身である第一高等学校で非常勤講師として働いていたとき、不敬事件という出来事のせいで、世の中からひどいバッシングを受けました。不敬事件というのは、簡単に言えば天皇を敬う態度を示さなかったという言いがかりをつけられたという事件です。学校の式典で天皇が交付した文書（教育勅語）に最敬礼をしなければならないところを、おじぎの角度が足りなかっただけなのに、「キリスト教を信じているから、天皇を敬

＊3　現在の群馬県高崎市周辺。

わないのだろう、けしからん」と世間から非難が相次ぎ、結局第一高等学校も辞職せざるを得なくなり、その混乱のなかで妻も流感にかかって亡くなりました。そのとき、天皇制に抵抗を覚えるキリスト教徒の教官たちは、式典そのものを欠席したため、実はバッシングの対象にもなりませんでした。

また、内村は、留学をしたとはいえ、実はラテン語やギリシャ語ができなかったので、4年制総合大学を卒業したものに与えられる文学士の資格をアマースト大学から得られませんでした（学位は文学士より一段低い理学士でした）。

今では、日本にキリスト教を広めた宗教家、思想家、教師として、また、さまざまな本を書いた作家として、有名な内村ですが、決して生まれながらのエリートでもなく、また、その経歴にはさまざまな紆余曲折があり、何度も何度も挫折を重ねた苦労の人だったのです。

本書は若者に向けて書かれてはいますが、自分自身が、決して恵まれた

立場になく、優れた才能を持っているわけでもない、弱い人間として、不条理な世の中を生き抜かなければならないときに、どうやって元気を取り戻したらいいのかを徹底的に考え、その考えをあますところなく披露した本です。その方法として、まずお金というのは大事なものなので、第一にお金をもうけることを考えなさい、そして、事業を起こすことを考えなさい、もし社会的に成功したら、それを社会に還元しなさい、ということから書きはじめています。

コロナによって格差が明確になった

お金をもうけたり、事業を起こしたり、行動を起こす前にまず、現状を正しく把握する必要があります。さて、今はどんな時代なのでしょうか。私たちはどのような立場に置かれているのでしょうか。まずは現代の状況を捉え直してみましょう。

新型コロナウイルスの感染拡大、外出自粛、その後の「新しい生活様式」（ニューノーマル）という流れの中で何が起こっているのかというと、まず、グローバリゼーションに歯止めがかかりました。感染を防ぐため、各国が出国や入国などの渡航を制限し、人々は国を越えて自由に移動することができなくなりました。国家機能が強化されたと言えるでしょう。これが一つ目の大きな変化です。

もう一つは格差の拡大です。格差とひと口にいっても、さまざまな種類があります。国家間格差、これは、たとえばワクチンひとつ取っても、アメリカのように巨大な国が買い占めようとしたり、他国に渡すまいと交渉したりしているというニュースが流れたりしたので、容易に想像できるでしょう。ワクチンだけではなく、アフリカなどの発展途上国では、十分な感染対策ができていなかったり、貧困層が密な空間に閉じ込められていたりするという報道もありました。そもそも感染対策や医療行為を十分に行うためのインフラが整っているか、密な環境を避けるような生活空間を確保できるか、ロックダウンのように、市民を街に出さない政治的な決断をしたときに、休業しなければならない飲食店などに十分な補償金を出せるかどうかなど、国力の差が如実に効いてくるのです。

国内の地域格差もあります。全国の市町村の約半数が「消滅可能性都市」[*4]であると指摘した政策提言「増田レポート」が話題になったことがありました。消滅可能性都市とは、都市部に人口が集中し、少子化や人口移動が加速し、将来的に消滅する可能性がある自治体のことを指します。もともと人口が減少している市町村では、医療機関や医療従事者が不足しているといわれていました。コロナで重症になったときに、必要な治療を受けられる医療機関はなおさら限られるでしょう。また、観光産業で潤っていた地域は大打撃を受けました。

あるいは、みなさんは、階級と言っても、一瞬ぴんとこないかもしれませんが、実は日本には階級差もあります。確かに日本には、ヨーロッパやインドなどのように、はっきりとした階級や身分の区別はないかもしれま

＊4　少子化や人口流出に歯止めがかからず、存続できなくなるおそれがある自治体。平成26（2014）年に日本創成会議が指摘。平成22（2010）年から令和22（2040）年までの間に20～39歳の女性の人口が5割以下に減少すると推計される自治体で、全国の市区町村の約半数が該当する。

せん。しかし、お金持ちの家に生まれた人は、高い教育を受けて、「生まれのよさ」、「育ちのよさ」を身につけ、よい仕事につき、お金を稼いで、同じようにお金持ちの家に生まれて高い教育を受けて、よい仕事についている人と結婚して、家庭をつくり、子どもにも高い教育費を注いで、よい仕事につかせる……というように、一部のエリートや事業でお金をもうけた人に、富という経済資本や、教養や教育、文化にふれる機会などの文化資本が集中し、そうでない人との間に格差が広がっているのは、もはや隠しようのない事実です。

フランスの社会学者ピエール・ブルデュー*5という人は、1979年に出版した『ディスタンクシオン――社会的判断力批判』（藤原書店）という本の中で、文化資本と出身階層の関係を踏み込んで研究しています。ちなみにディスタンクシオンとは、区別のことです。英語では同じつづり(distinction)でディスティンクションといいます。ブルデューは単に上流階級の人の方が高い教育を受けられるということではなく、上流階級の人

＊5　ピエール・ブルデュー［1930～2002］フランスの社会学者、哲学者。コレージュ・ド・フランス名誉教授。ブルデュー社会学の原点ともいえる『遺産相続者たち――学生と文化』Les héritiers（1964、ジャン＝クロード・パスロンとの共著）では、経済資本と並ぶ「文化資本」の概念を唱え、大学での学業達成度に出身階層が大きく作用していることを実証。その後も「ハビトゥス」「界」など独自の概念を駆使し現代の人文・社会科学界に大きな影響を与えた。特に1990年代からはグローバル化や新自由主義（ネオリベラリズム）、メディアに対する批判を繰り広げ政治への関与を深めた。

が家庭環境のなかで自然に身につけた生活習慣や教養や文化、芸術に対する鑑賞力などが、成人してから努力して学習できるものではない特別な価値があるものなのだと、定義することで、下の階級の人と自分たちを区別して、その差を維持し続けようとしているのだと指摘しています。

あるいは世代間格差というものもあります。戦後の高度成長期[＊6]に生まれた人は、真面目に勉強して大学を卒業すれば、全員が第一志望の企業ではないにしても、就職できないということはほとんどありませんでした。1980年代のバブル期[＊7]には売り手市場で、新卒の学生は何もしなくても、OBやOGの人に連絡をとって、ちょっと喫茶店でしゃべっただけで、いくらでも内定が転がり込んできたということも決しておおげさな話ではありませんでした。

しかし、その後バブルが崩壊し、就職氷河期[＊8]を迎え、その時期に大学を卒業した人は、たとえ真面目に働く意志があったとしても、なかなか正社員として採用されず、非正規雇用のままで年をとり、少し上の世代の人が

＊6　1960年代の日本の経済成長率が年平均10％を越え、諸外国にも例を見ない急速な経済成長を遂げた期間をいう。石炭から石油への転換（エネルギー革命）、〈所得倍増〉を唱える池田勇人内閣の成立（1960年）に始まり、合成繊維、プラスチック、家庭電器などの技術革新、石油化学コンビナートなど大型化・集中化が進行し、モータリゼーションやスーパーマーケットなどの流通革命も進んだ。所得向上は家庭電化など豊かな国民生活をもたらした一方で物価上昇、大都市圏の過密と農村などの過疎、そして公害など負の遺産も生じた。

＊7　株価や土地などの資産価格が、ファンダメンタルズ（経

当たり前に享受していた、会社に採用されて、会社で働いていさえすれば、ある程度のキャリアを積んで、給与も上がっていく、というしくみから外れてしまったまま、高齢化しています。コロナの前後でも、2、3年前なら、「アベノミクス」[*9]で景気がよく、少子高齢化で、働き手の人口が減少し、人手不足でもあったので、新卒の採用はバブルの頃ほどではないにせよ、売り手市場で、就職するのに苦労しない学生も多かったようですが、コロナで一転状況が変わってしまいました。**1年、2年違っただけで、自分をとりまく社会環境や景気ががらっと変わり、当たり前が当たり前でなくなってしまうということが起こっています。**

雇用状態による格差もあります。政府では、働き方改革[*10]の一環として、同一労働同一賃金という制度を進めています。これは正社員（正規雇用）の人と、派遣社員やパートタイムやアルバイト労働者のような「非正規雇用者」が、同じ仕事をしているのに、もらえる賃金が違うという状況はおかしいと考えて、仕事の内容が同じなら、正社員であろうとなかろうと、

済の基礎的条件）から想定される適正水準を大幅に上回る状況をさす。もともとは為替などの変動メカニズムを説明する経済用語。バブル経済では実力以上に資産価値が膨張するため、ある水準に達するとふくらみきった泡（バブル）が破裂するように急反落し、崩壊局面を迎える。日本では1985年9月のプラザ合意以降、超金融緩和時代に入り、企業財テクなどの投機資金が株式や不動産市場に流入、地価や株価が高騰しバブル経済となった。しかし90年以降、公定歩合引き上げや不動産融資の総量規制などをきっかけに地価・株価が暴落。個人消費も冷え込みバブル経済は崩壊した。

＊8　日本のバブル経済崩壊後、大規模な就職難が社会問題となった時期。特に、平成5（1993）年ごろから平成17（2005）年ごろまでを指す。

＊9　第96代内閣総理大臣安倍

同じ賃金を払うようにするという動きです。ただし、そもそも日本の企業では、ひとりひとりの業務内容が明確に決まっていないため、非正規雇用の社員が同じ仕事をしていることを証明することは難しいのです。同一労働同一賃金が本当に実現するにはまだまだ時間がかかるだろうと予想できます。もちろんこの制度のとおりに会社が賃金を払うようになったとしても、正社員と非正規雇用では退職金や各種の手当て、社内福祉制度の利用の権限など、さまざまに待遇が違うのですが。

情報格差もあります。インターネットが普及して、スマートフォンを誰もが持つ時代になりましたが、高齢者を中心にデジタル機器を使いこなせる人とそうでない人の間に得られる情報量の差、それにもとづく、利便性にアクセスできるかどうかの格差が拡大しています。「デジタルディバイド」[*11]や「情弱」（情報弱者）という言葉もあります。たとえば、スマートフォンのアプリを使ってネットで申し込まなければ得られないサービスがたくさんあるでしょう。行政のサービスもそのようになりつつあります。か

晋三の名字とエコノミクスを合わせた造語。平成24（2012）年12月に第二次内閣を発足させた自由民主党の安倍晋三が掲げた経済政策の通称。大胆な金融政策・機動的な財政政策・民間投資を喚起する成長戦略を「3本の矢」と呼び、日本経済の再生を目指す。金融政策では、デフレ脱却のため日本銀行と連携してインフレターゲットを設定し、その達成まで日銀が建設国債を引き受ける量的緩和によって市場に資金を供給し、物価上昇を促す。財政政策では、過去最大級の補正予算を編成。公共事業の拡大などにより需要の創出を狙う。さらに、内閣に設置した日本経済再生本部・産業競争力会議を中心に積極的な成長戦略を策定し、持続的な経済成長を目指す、というもの。

＊10　平成28（2016）年に第3次安倍内閣が提唱した、多様で柔軟な働き方を選択できる社会の実現に向けた取り組み。

といって、スマートフォンが使えない高齢者ひとりひとりに使い方を教えて、誰もがネットでサービスを受けられるようになるといった体制が整っているわけではありません。

そして、階級のところでも少しお話ししましたが、教育格差も無視できません。日本国内では、義務教育で、ある程度均質な教育が受けられる建前になっていますが、実際には、学校によって教えられる内容やレベルもまちまちですし、コロナの影響で、リモート学習の態勢をすぐに整えた一部の私立の学校と休校が続いた公立の学校の生徒のあいだには差が広がったという見方もあります。私立と公立の差だけではなく、教育にも地方と都市部での格差があります。いちがいに都市部のほうがよい教育が受けられるというわけではありませんが、多種多様な学校が集まっている都市部のほうが、学校間の競争も激しく、選択肢が多いことは確かです。生徒のレベルや雰囲気に合った学校を見つけやすく、かりに学校が合わなかった場合にも、フリースクールなどのサポート体制も整っています。

働く人の視点に立って労働制度を改革し、企業文化や風土も含めて変えようとするもので、非正規雇用の待遇改善、長時間労働の是正、女性や若者が活躍しやすい環境整備などを柱とする。2020年4月1日から全国の大企業で一斉に進められている。中小企業に対しては1年後の2021年4月から適用される。同一企業・団体におけるいわゆる正規雇用労働者（無期雇用フルタイム労働者）と非正規雇用労働者（有期雇用労働者、パートタイム労働者、派遣労働者）の間の不合理な待遇差の解消を目指すもの。（出典　厚生労働省）

*11　情報技術を持つものと持たないものとの間に生じる格差。生活環境や収入、学歴などの格差が所得に反映した結果パソコンを習得する機会にも差が生じ、それによるメディア・リテラシーの格差が所得格差をいっそう拡大する傾向を指す。

こうしたさまざまな格差のなかでさらに、顕著な例をくわしく考えてみましょう。たとえば、ひとり親で、その親が非正規雇用だった場合、ひとつには経済的な理由で十分な教育が受けられないことが考えられます。そうなると、その子どもはより高い賃金を得る職業につくことが難しく、やはり非正規雇用になる確率も高くなります。すると、またその子どもも十分な教育を受けられない可能性があり……といったことが繰り返され、子どもの世代、孫の世代、そして、その先にも格差は反復されたり、拡大再生産されたりすることになります。

リアルな教育でしか得られないもの

また、教育格差のひとつとして、コロナの影響で、リアルで対面の教育を受けられる（受けられた）人と、リモートでしか教育を受けられない人の差が出てきます。もちろんリモート教育にも利点はたくさんあり、リモ

ート教育で十分に学習できる内容もあります。**しかし、リアルな人間関係が持てるか持てないかは、教育の質に大きく関わってきます。**

例えば、大学教育の場合、文献へのアクセスの仕方、文献の読み方、要領よいレポートの書き方、教授や同級生との交流、サークルやゼミなどでの先輩後輩関係も含めた人間関係はリアルでなければ得られないものだからです。

少し詳しく述べると、レポートを書いたり、ゼミで発表したりする場合、もし与えられたテーマ、あるいは自分で設定したテーマについて前提となる知識がなければ、とりあえずキーワードで検索して図書館で必要な参考文献をピックアップするでしょう。おそらく処理しきれないほど厖大《ぼうだい》な、参考にできるものも、参考にすべきではないものも、玉石混交の資料が検索結果としてあがってくるはずです。そのなかから、まさしくあなたが必要としている資料をどう選べばよいのでしょうか。あるいは専門家から見て「筋のよい」資料をどう選べばよいのでしょうか。その目利きのしかたはなかなか独学では身につけられません。

大学で、あるテーマについて研究するときには、必ずそのテーマの入門となるような講義を先に受けていることが前提で、そのなかで、指導教員は押さえておくべき参考文献のリストを提示したり、講義のなかで、特定の参考文献や学説の位置づけについて、解説したりします。その前提知識があれば、新しい論文や聞いたことのない研究者に出会ったときにも、その論文がどの先行研究を踏まえているのかさえチェックすれば、この学説の流派のこの人が書いているのだから、ある程度参考にする価値があるはずだ、などという類推ができるようになります。

あるいは、学問の流派についての知識の一番キモになるところは、参考文献を見せたときに、指導教官が、「うーん、これはちょっとレベルが低い論文だから入れてはいけませんよ」とこっそり教えてくれるというふうに、一種の「秘技の伝授」のような形で口頭で伝えられることが多いのです。その道の権威の専門家は、取るに足らない論文や世の中に出回っているすべての関連書籍のなかで、だめなものについてこれは参考にする価値なし、ということを文章で残したりはしません（なにかのきっかけで、公に批判することはあるかもしれませんが）。みんな忙しいので、わざわざ取るに足らない論文を批判して、関係各所からうらみを買ってもいいことはなにもないからです。そんなわけで、「筋のよい資料」をどのように選び取るかなど、参考文献への正しいアクセスのしかたはリアルでしか学びづらいということになります。

実技をリモートで学ぶのは難しい

机上の学問だけでなく、実技や実践的な学習内容についても同じです。たとえば、着物の着付けを習いたい場合。両親や祖父母が普段から着ているのをまねて、教わるでもなく、自然に着方を身につけたり、日本舞踊や茶道や華道などを習っていて、しょっちゅう着付けをする機会があったりということでもなければ、洋服で過ごしている現代人は着付け教室に通って着付けを習うことになります。教材や本はたくさんありますが、着付け教室がなくならないのは、着付けの手順におけるいくつかの決定的なポイントは、本や教材には書きあらわすことができず、指導者から直接教わらなければ自分で勉強して知るのは難しいからです。

絵画や彫刻や楽器の演奏、歌、舞踏、体操など実技系の学科でも、今はYouTube動画などですぐれた学習教材がたくさんあり、それらから学び取れることは、かつて書籍しかなかった時代よりもはるかに多く豊かになっていますが、学習者自身のひとりひとりの個性にあわせた最適な方法論や、個性をどう活かすか、などについてはやはり実際に指導者に接するなかでしか伝授されえないものです。

こうした学び方について、どうやって学ぶか（Ｈｏｗ）とともに、リアルでなければ得難いものは、誰とともに学ぶか、誰から学ぶか（ＷｉｔｈＷｈｏ）、ということです。前述したゼミ生、サークルなどでの縦横のつながり、教授との関係や、同級生のネットワークはその場で集まらなければなかなか形成されにくいものです。研究者になる場合は、リアルな場で観察しなければわからない研究室の中、あるいは研究室同士の微妙な力関係、政治力などを知っていなければ、研究者としての道を歩むのが難しい場合もあります。企業で働くと上司や先輩などの人間関係が面倒そうだが、研究者なら、一匹狼で自由に研究ができて楽そう、と思うのは大きなまちがいです。研究者もまた大学という組織の一員ですから、企業と同じような上下関係や力関係、政治力と無縁ではなく、その情報は決して、公開されたネット情報やSNSで知りうるものではありません。

工夫や努力次第で、独学でもこうしたことをまったく学べないわけではありませんが、コロナの影響で、これまで以上にリアルの価値が高まったのです。

健康もお金で買えるのか

格差は、医療や健康という観点でも広がっています。今や健康はある程度までお金で買える時代です。コロナで一般の外来は従来よりは混雑がなくなったと言われますが、通常、大学病院や総合病院では待ち時間が尋常でなく、通院は一日仕事になります。しかし、保険が利かず、全額自費で払う自由診療なら、予約でゆうゆうと診療を受けることができます。混雑もせず、感染症の患者がおしかける病棟につめこまれることもなく、安全です。

アメリカのトランプ前大統領がコロナに感染しても、特別な投薬や治療を受けて、短い期間で任務に復帰したニュースをみなさんも覚えているでしょう。お金があれば、特別な治療を受けて、治りにくい病気も治るという非常に典型的な例です。

また、病気になると、基本的には、（もちろん若干の選択肢はあるもの の）標準的な、ある決まった薬なり治療方法なりが、一律に同じ病気の人全員に対して行われます。なにかの病気にかかったとして、すでに効く薬が分かっている場合は、痩せている人も太った人も、女性も男性も、若い人も老いた人も同じ薬を飲むことになります。これに対してひとりひとりの細かい遺伝子の組み合わせに合わせて、自分の体質に完璧に合った形で、自分だけのために薬を調合してもらったり、治療方法を選んだりするのがオーダーメイド医療[*12]です。薬の場合はとくに、自分の体質にぴったり合っているため、副作用も出にくく、より治療効果も高くなります。病気の治

＊12　患者の個人差に配慮して各個人に最適な医療を提供すること。遺伝子診断によって得られる遺伝子情報に基づいて、その患者に有効な薬剤や治療法を判断する。

療薬だけでなく、健康を維持するためのサプリメントもオーダーメイドで処方してもらって飲み続ければ、自分に足りないものだけを効率的に摂取することができるので、より病気になりにくく、長生きする確率が高くなります。

日本は国民皆保険制度[*13]といって、建前上は、すべての国民が健康保険に加入しているので、病気になった場合は、7割を企業の健康保険組合や国が負担してくれます。高齢者の場合は8割（75歳以上は9割）を国が負担していますが、医療費がかさんで国の財政を圧迫しているため、国はだんだん本人の負担額を増やす方向で制度を変えています。将来的にはもっと本人の負担割合が高くなるかもしれません。そうなるとやはり、お金を持った人のほうが、医療の恩恵をより受けられるということになるのです。なお、アメリカは国民皆保険制度ではなく、自分で民間の保険に入っていない場合に、病気になると、治療費を全額自己負担しなければならないので、病院にかかるとものすごく高くつきます。

*13　すべての国民をなんらかの医療保険に加入させる制度。医療保険の加入者が保険料を出し合い病気やけがの場合に安心して医療が受けられるようにする相互扶助の精神に基づく。日本では1961年に国民健康保険法（昭和33年法律第192号）が改正され国民皆保険体制が確立された。医療保険には、（1）被用者保険（職域保険）の政府管掌健康保険（おもに中小企業）、組合管掌健康保険（おもに大企業）、船員保険、国家公務員共済組合、地方公務員共済組合、私立学校教職員共済組合、（2）地域保険といわれ被用者保険の被保険者以外が加入する国民健康保険がある。1961年に始まった国民皆年金とともに日本の社会保障制度の根幹をなす。

リモートワークできる人、できない人

コロナで密を避けることが喫緊《きっきん》の課題になりました。満員電車や都市部の企業が密集しているエリアに人が集まらないように、リモートワークが可能な職種では、在宅業務が奨励されました。富裕層の一部は都市部を離れ、人が密集せず、外に出ても安心、安全な別荘地で仕事をした例も多かったようです。有名なスタートアップ企業の経営者たちが、軽井沢で仕事をしているとか、沖縄で仕事をしている、などとツイートしたり、フェイスブックにリモートワークの様子をアップしたりしていました。

コロナが一旦落ち着いた状況になっても、リモートワークが主になって、人が密集している地域に住む必要がないから、都市部の狭いアパートやマンションに住んでいた人が郊外の広い部屋や家に引っ越すという動きもあるようです。

ここでまた格差が生じます。**感染を避けるためには、密を避ける必要があったとしても、どうしても人に会わなければならない人、医療や介護の関係者、工場に勤務している人、一部の接客業など、リモートワークでは仕事にならない人もいます。**人が密集している狭い集合住宅では感染リスクが高かったとしても、住環境を簡単に変えられる人ばかりでありません。都市部や勤務先から離れて、都市部より広い家に住めるのはさまざまな制約のない、特権的な人だけなのです。

実は軽井沢や箱根という別荘地は、第二次世界大戦のときに、それぞれ、中立国の大使館や公使館が避難していた土地でした（軽井沢はスイス、スウェーデンなど、箱根はソ連）。このため、この二箇所には、絶対に爆撃が行われないことになっていました。それで、別荘地として、ほかの別荘地よりも多くの富裕層やエリート層が集まり、土地の価格も、土地の「格」もほかの別荘地よりも高くなっています。別荘地にも、エリートや富裕層が集まる格の高い土地と、そうでない土地との「格差」があることになり

＊14　エマニュエル・トッド　Emmanuel Todd［1951〜］人口学者、歴史学者、社会人類学者、フランス国立人口統計学研究所研究員。専門は歴史人口

ます。今、コロナでまた、経営者層や富裕層がこうした別荘地に集まり始めているという動きは、その格差が地理的に可視化されているのです。

ところで、コロナの感染拡大でパリでは現在（2020年10月末時点）2度目のロックダウン（都市封鎖）を実施していますが、1度目のロックダウンの最中、歴史人口学者のエマニュエル・トッド[*14]が朝日新聞のインタビュー[*15]に答えたときに、自分も今早々とリスクを避けてパリを離れ、パリの郊外の別荘地で執筆している、これは特権的なことである、と自覚的に自分の置かれた環境について語っていたのが印象的でした。

かろうじて中流を維持する日本人

さて、コロナでIT関連や製薬関連など一部の業種以外では、移動制限や、人が街に出ないことによる消費の低迷、工場の操業停止などにより、企業は大きな打撃を受けました。

学。パリ政治学院卒、歴史学博士（ケンブリッジ大学）。1976年ソビエト体制の内部崩壊を宣言した予言的著書『最後の転落』を発表。歴史人口学を駆使した若手の旗手として、83年『第三惑星――家族構造とイデオロギー・システム』を発表。全く新しい人類学的手法による成果を呈示し、フランス・ジャーナリズム界で賛否両論を巻きおこす。その後7年の作業を経て、90年より練り上げられた成果を『新ヨーロッパ大全〈Ⅰ・Ⅱ〉』として発表、フランスの各紙誌、テレビで話題となり、ベストセラーとなる。2002年米国同時多発テロ事件をきっかけに米国の脆弱性をテーマとした『帝国以後――アメリカ・システムの崩壊』を発表、金融危機を予言したとして世界的なベストセラーとなった。

＊15　「（前略）今回のコロナの犠牲者は高齢者に集中しています。社会構造を決定づける人口

しかし、日本ではもう長いあいだ「デフレ[*16]」という経済状況が続いています。バブルが崩壊した後、日本の経済はずっと停滞していました。企業活動が活発でなく、賃金が上がらないので、みんなものを買わずにお金を貯めていて、消費活動も停滞するのです。つまり世の中にお金が出回らなくなっている状況です。そうすると、ますます世の中の景気が悪くなり、ものの値段は上がらず、企業活動は活発でなくなり、賃金が上がらず、消費も冷え込んだままです。こういう状況がずっと続いているのです。企業活動が活発になるためには、大きな設備をつくったり、新しい商品を開発したりするために、企業がたくさんお金を使わなければなりませんが、そのためにはお金が必要です。それで、企業が安い金利でお金を借りられるように、日本銀行は企業に貸すお金の金利を安くしていきました。どんどん金利を安くして、「ゼロ金利[*17]」になり、あげくのはてに、それまでの経済の常識では考えられなかった「マイナス金利[*18]」にまで下がりました。それでもデフレ状況は続いています。**その意味でも今は以前のような経済の**

動態に新しい変化をもたらすものではありません。何か新しいことが起きたのではなく、すでに起きていた変化がより劇的に表れていると考えるべきでしょう」――すでに起きていたとは？「私自身を例にすれば、いま、フランス北西部ブルターニュの別宅にいます。感染が広がる前にこちらに移りました。庭があり、パリよりも人が少ない。言うまでもなく特権的です。庭付き別宅を持つ階層と、庭なしの自宅に住む階層との間ではリスクが違います」「私たちは、医療システムをはじめとした社会保障や公衆衛生を自らの選択によって脆弱にしてきた結果、感染者を隔離し、人々を自宅に封じ込めるしか方策がなくなってしまった。その先でこのように貧富の差による感染リスクの差が生まれているわけです」（朝日新聞デジタル２０２０年5月23日）

＊16　通貨減少、物価水準下落

常識が通用しない激動の時代、予測のつかない時代なのです。

ものの値段が上がっていない、ものの値段が下がったということは身近なデータからも明らかです。私が外務省に入ったとき、1985年に、職員食堂の定食は630円でした。ところが、ロシアに駐在して帰国した1995年には580円になっていたのです。今教えている同志社大学の食堂では500円で定食を食べることができます。

バブル前には、イタリア料理を食べられる安価な店はほとんどありませんでした。それが、サイゼリアのようなファミリーレストランやチェーン店で、安価なワインを飲んだり、チーズを食べたりできるようになりました。ワインブームで安価なワインを誰でも口にできるようになり、一般的なスーパーではプロセスチーズくらいしか売られていませんでしたが、今ではスーパーでもカビのついたチーズなどさまざまな種類のチーズをそろえるようになりました。食だけでなく、衣料も安くなりました。衣料品チェーンのユニクロでは機能性の高い、品質のよい、安価な衣服が大量に売

の現象。つまり通貨の量が商品の取引量に比べて減少しその結果物価が下落し貨幣価値が騰貴するインフレーションと反対の状態をいう。デフレになると生産量は低下し企業は倒産、失業者が増加するなど経済活動の停滞を引き起こす。自律的に起こる循環デフレとインフレの進行を阻止するため等の政策的デフレとがある。

＊17　政策金利が0パーセントまたはそれに近い状態であること。中央銀行が市場に資金を潤沢に供給し、金利を0パーセントに近づくように誘導する。金利負担が軽減されるため、個人や企業は融資を受けやすくなるが、金利収入は減少する。

＊18　金利がマイナスになった状況をさす。一般的には、お金の借り手が貸し手に利子を支払うのが普通であるが、逆に貸し手が借り手に利子を支払う状態を意味する。通常の経済状態で

られています。バブルを経て、なんでも手に入るようになり、しかもそれが低価格で提供されるようになったのです。

　東村アキコが2014年から2017年にかけて発表した漫画『東京タラレバ娘』だと原作でもTVドラマでも、女子会で、一人3000円くらいの予算で飲み食いしている様子が描かれていましたが、2019年から始まった新シリーズ『東京タラレバ娘　シーズン2』の主人公・廣田令菜は、親と同居していて、買い物はコンビニで済ませ、家ではNetflixを見るだけで十分満足しています。ますますお金を使わなくなっている社会状況が描写されてい

マイナス金利が発生することはないが、超低金利下や金融危機時などに、信用力のある通貨・債券・金融商品などの取引でマイナス金利が発生することがある。理論的には、投資家はマイナス金利の取引をするより、資金を貸さずに現金で保有したほうが有利であるため、マイナス金利はおこりえない。しかし、大量の現金保有は保管・輸送コストがかかるほか安全面に問題があるため、利子を払ってでも、すぐに換金できる安全資産にしたほうが得だと判断する場合があり、この結果、実際にはマイナス金利が発生することがある。

*19　華族とは1869年から1947年にわたる特権身分をいう。公家としては摂関家に次ぐ家柄で、最高の官職としては三公に任ぜられる。しかし左・右大臣は摂関家に独占されるので、ほとんど内大臣どまりである。久我《こが》・三条・西園寺・徳大寺・花山院・大炊御門《おおいのみかど》・菊亭・

ます。
いっぽうで、日本では明治以来、実際にはエリート層とそうでない層の違いや、戦前までは華族令[*19]などがありながらも、戦後、国民は「1億総中流[*20]」という言い方で、みんなそこそこの生活をしている中流なのだという幻想を信じていました。しかし、その幻想を信じ続けるにもそろそろ限界がきています。コロナでそれがはっきりしました。

現状は、持ち家を持たず、子どもを生まないことで、お金を使わず、中流的な消費生活をかろうじて維持しているにすぎません。もはや1億総中流ではないことに誰もが気付き始めたのです。そして、それはコロナで格差が可視化されたことが大きいでしょう。

では、デフレで、賃金が上がらず、中流の夢もやぶれた多くの人々に未来はないのでしょうか。そんなことは決してありません。ここまでお話ししてきたさまざまな不条理や格差を踏まえてもなお、誰でもがんばれば自分の人生を生きることができます。重苦しい、息苦しい閉塞《へいそく》感に囚われて

広幡《ひろはた》・醍醐《だいご》の9家がこの家柄である。１８６９年版籍奉還の際、旧公卿・諸侯らに与えられた身分呼称で士族・平民の上に位する新しい階層とされた。76年華族を家系によって6部に分け部長をおいて国家的に統轄した。84年の華族令で特権的身分が確立し華族会館を創設して華族内部の団結をはかった。第二次世界大戦後、日本国憲法で廃止。

*20 大多数の日本人が自分は中流階級に属すると考えていること。旧総理府などが実施した「国民生活に関する世論調査」で昭和40年代以降、自分の生活水準を「中の中」とする回答が最も多く、「上」または「下」とする回答が合計で1割未満だったことなどが根拠とされる。日本において国民の所得・生活水準に大きな格差がないことを指していたが、平成初期（１９９０年代前半）バブル経済崩壊後は、格差社会の進行が認識、問題視されている。

いても、そこから抜け出すことは可能なのです。そして、その方法として役立つのが『後世への最大遺物』で説かれていることなのです。

脅す宗教と脅しのない自己啓発

苦しい時代をどう生き抜くか。そのアプローチには、宗教と自己啓発がありますす。自己啓発本と宗教の教えとはときとして似通って見えます。**ただ、決定的な違いは、宗教はその教えを信じないものは地獄へ落ちるのだと脅しをかけるようなところがあり、自己啓発は信じないならどうなる、という説き方はしないという点にあります。**

たとえば、キリスト教・プロテスタントの教派のひとつにカルバン派がありますす。キリスト教にもほかの宗教と同じく、さまざまな教派がありますが、カルバン派はそれまで主流だったキリスト教のローマ・カトリック（カトリシズム）に対して、神と聖書を絶対のものとして、キリスト教を解釈しなおし、当時としては新しい説を唱えました。カルバンによると、人は生まれる前から予《あらかじ》めこの世で成功するか成功しないか（救済されるかしないか、そして天国に行けるかどうか）が、神によって決められているというのです。これを二重予定説といいます。成功する人としない人の二通りという意味です。成功する人として生まれた人は、神様のおかげなので、自分に与えられた能力や技能を使って、真面目に働いて、それでもうけたお金は、もともと神様から与えられた能力のおかげなのだから、神様に返さなければならない。そのとき、神様に直接お金を返すことはできないから、神様が喜ぶように、自分の周囲の人たち（隣人）を助け、社会をよくすることにお金を使う。そうすることで、神様から与えられたものを神様に還元する。このように考えます。そして、選ばれていない人はこの世の人生で成功しないと考えます。こういう人は死ねば滅びるというのです。

誰もが救われるのが宗教ではないのかと思われるかもしれません。これには前段があります。それまでのキリスト教の主流派のローマ・カトリックの一番えらい人、教皇（もちろんただの人間です）は、キリスト教が発展するなかで、非常に強大な権力を持つようになっていました。そして教皇、神でもないのに自分の政治上の都合や保身のために、他人の処刑を決めたり、神に代わってさまざまな判断をしたり、私腹をこやしたり、およそ神様に仕《つか》えるものとしてふさわしくない行動ばかりしていたため、カルバンにはそうしたローマ・カトリックへの激しい怒りがありました。それで、新しいキリスト教の解釈をみんなに示しました。ローマ・カトリックに対してカトリック教会に抗議（プロテスト）しプロテスタントといわれるのはそのためです。

新しい解釈では、ローマ・カトリックと違って神が決めたことが絶対ということを強く言う必要があったために、最初から成功する人、救済される人とそうでない人が神によって決まっていて、人間が変えることはできず、しかも、自分が死ぬまでわからないという言い方になっているのです。

自分が成功して救済されて天国に行ける人なのかどうかは死ぬまでわからないというところがポイントで、わからないからこそ、自分は成功して救われ、天国に行ける側に選ばれたのだと神を信じ、自分を信じて、死ぬまで一生懸命まじめに働き、善い行いをして、神様に喜ばれるようにしましょうというのが、二重予定説です。

ところで、大ヒットしている漫画、アニメの吾峠呼世晴《ごとうげこよはる》作の『鬼滅の刃』映画版で、原作にもある、あるセリフが、多くの人に感動を与えているといいます。主人公の上司に当たるとても強い剣士が、小さい頃母親に言われた言葉です。母親は「なぜ自分が人よりも強く生まれたのかわかりますか」と問いかけ、「弱き人を助けるためです」「生まれついて人よりも多くの才に恵まれた者はその力を世のため人のために使わねばなりません」「天から賜《たまわ》りし力で人を傷つけること私腹を肥やすことは許されません」と言うのです。

まさに天から選ばれて、より大きな力を与えられたものはその力を周囲

のために使わなければならないという倫理観が説かれています。

これはノブレス・オブリージュ[*21]という、西洋で、貴族は高い地位に応じて果たさなければならない社会的な責務があるという考え方に通じるものでもあるでしょう。格差社会、コロナなど、苦しい時代に、ヒットしている漫画にこのようなセリフが含まれていることは、社会的な強者や高い地位にある人にはそうあってほしいという人々の願望を表しているようでもあります。

内村は、宗教としてでなく自己啓発として話した

内村はカルバン派などプロテスタントの流れを汲《く》むキリスト教徒でしたが、本書のすぐれているところは、神を信じなさいとも、神を信じれば救われる、とも直接的には書いていない点です。ましてやキリスト教を信じなければ地獄に落ちると言っていません。それは、もともとこの本がキリ

＊21　身分の高い者はそれに応じて果たさねばならぬ社会的責任と義務があるという、欧米社会における基本的な道徳観。もとはフランスのことわざで「貴族たるもの、身分にふさわしい振る舞いをしなければならぬ」の意。

スト教徒の若者を対象に書かれているため、わざわざキリスト教を信じなさいという必要がなかったということもあるでしょう。しかし、内村は、成功しない方に振り分けられた、と自分で思い込んでいる人や、格差社会で閉塞感を感じている人や、自分の能力を活かせないと思っている人、どうやって生きていったらいいのかわからないという人にも、いや、そういう人にこそ届くような言葉で語りかけています。お金をもうけ、事業、思想を残す、本を書く、教育者になる、そして、それらを試してかりにうまくいかなくても、生き方がまっとうならば救われるということを書いています。**生きることは難しいことですが、なんとかなると思って生きればまっとうに生きるということ自体が価値になるのです。**

ところで、日本人は特定の宗教を信じていない人が多いと思われていますが、私は日本人が宗教を信じていないとは思っていません。ニコライ・ベルジャーエフ[*22]『わが生涯　哲学的自叙伝の試み』という本には、人間は本質的に、宗教的な動物であるという意味のことが書かれています。キリ

＊22　ニコライ・ベルジャーエフ［1874〜1948］ロシアの哲学者。最初マルクス主義に興味をもったがその極端な唯物論には批判的でカント、フィヒテなどの観念論によってマルクス主義の補強を考えた。1899年政治的嫌疑により追放され、のち許されてドイツ各地を旅行。1914年頃ロシア正教会に入信、17年ロシア革命勃発後モスクワ大学哲学教授。しかしその宗教思想が革命政府の容れるところとならず22年パリに逃れ、24年その郊外クラマールに「哲学宗教ロシア学院」を創設。以後ソロビヨフ、ドストエフスキーなどの影響下に東方神秘主義の精神に根ざした独自の文化、宗教哲学を展開。

スト教、仏教、といった狭い意味での宗教ではなく、誰もがみんな何かを信じて生きています。無宗教もなにも信じない、ということを信じる宗教です。政治的な信条も宗教と同じようなものです。あるいは無政府主義（アナーキズム）も宗教です。もっと言えば、学歴主義、拝金主義、出世主義も「宗教」です。容姿に価値を置く、「かわいいは正義」、「ただし、イケメンに限る」などもそうでしょう。何かを信じていない人はいません。

内村鑑三の弱点

本書について、覚えておいてほしいとても重要な弱点がひとつあります。**それは、時代の制約があってジェンダー的な偏見、人種差別、地域への偏見、帝国主義の肯定などが見られるということです。**

「『源氏物語』はめめしいから文学とはいえない」と言ったり、黒人（アフリカ系の人たち）を日本人と比べて、日本人並みの教育を受けている、と言って、まるでアフリカ系の人たちが日本人より劣っているかのような表現をしたり、クロムウェルやリビングストンの行いが帝国主義的で、植民地政策を加速させたということについてもおおむね肯定的で、東京人と大阪人と京都人のお金や商売のしかたを一方的に決めつけたり、上州人はつむじが曲がっていると言ったりと、現代の視点からはいろいろ問題を含んだ表現があることを知っておいて下さい。それは単純にこの時代にはまだ、人種や性別などにかかわる偏見や差別について十分な議論がつくされておらず、内村らがそうしたことについての理解が至らなかったせいなのです。

なお、『源氏物語』は西暦1001年から1006年のあいだくらいに書かれたといわれており、世界で最古の長編小説という見方もあるくらいです。明治時代にもすでに英語やヨーロッパの言語に翻訳されており、その他の地域も含め、今では多くの言語に訳され、世界中の文学愛好家に読まれています。1925年に当時のイギリスの最先端の文学のサロンだったブルームズベリー・グループ[*23]の一員だったアーサー・ウェイリー[*24]という人が英語に翻訳したものが有名で、これをもとにさらに別の言語に重訳されたこともあり、世界にも知られ、すぐれた古典文学作品として評価されるようになりました。西洋で小説の祖、最初の小説と言われているセルバンテスの『ドン・キホーテ』[*25]は1605年に初版が発行されています。

かつて、帝国主義により、ヨーロッパの国、そして日本も、自国の勢力を拡大するために、アフリカや南米やアジアを植民地として征服してきました。アフリカや南米の人を奴隷として巨大な農地で働かせて、収穫した作物を売ってもうけ、国を豊かにしてきたのです。

アフリカの一部の国の国語がフランス語だったり、南米では、ブラジルがポルトガル語、ペルーなどがスペイン語を公用語としていたりするのはそうした国がかつて植民地だったからです。日本も、韓国や台湾を統治していた時代があり、日本語を学ばせていた歴史があります。アメリカももとはイギリスの植民地でしたが、内戦を経て独立しました。今、先進国と

*23　1907年頃から30年頃までロンドンのブルームズベリー地区にあるL・スティーブンの娘バネッサ（C・H・ベルの夫人）およびバージニアの家に集った作家、芸術家、哲学者たちにつけられた名称。ケンブリッジ大学のベルの寮室での交遊に始まり当代の知的選良の多くを集めて1920年代以降の文学、思想に大きな影響を与えた。

*24　アーサー・ウェイリー［1889〜1966］イギリスの東洋文学研究者、詩人。ケンブリッジ大学に学ぶ。大英博物館東洋版画絵画部副主事として資料の整理、充実に努めるかたわら、中国、日本の古典の研究、英訳に一生を捧げた。『源氏物語』の英訳"The Tale of Genji"（6巻、1925〜33）には定評がある。中国については『漢詩170首』（1918）をはじめ、『論語』『詩経』『易経』『西遊記』、老子の『道徳経』、その他多くの英訳を残したが、

発展途上国という豊かさの格差があるのは、その名残りです。

令和時代にどう読み解くか

さて、前置きが長くなってしまいましたが、ここまで本書について全般的なことをお話ししたので、今度は、お金、事業、教育、生き方という順に書かれた中身について、現代の視点でどのようなメッセージを汲み取ることができるかを見ていくことにしましょう。

生きるのが困難な時代を生きていくため、そして、このような閉塞感に満ちた時代に元気を養うのに必要な考え方として、本書がまず何を説いているかというと、お金が大切であるということ、お金が必要であるということです。

もし、まだ本書を読んでおらず、解説から先にお読みになっている人は、生きることがつらい人にはもっと精神的なことから説いていくのが適切な

中国、日本来訪の経験はない。

＊25 スペインの作家セルバンテスの小説。前編1605年、後編15年刊。騎士道小説を耽読して妄想にとらわれた郷士アロンソ・キハーダがこの世の不正を正そうと、みずから遍歴の騎士になってドン・キホーテを名のり、老馬ロシナンテにまたがり現実主義的なサンチョ・パンサを従者に仕立てて冒険と失敗の旅を続ける長編小説。初めは『アマディス・デ・ガウラ』などの騎士道物語のパロディーとして意図されたものだが、理想と現実、詩的真実と歴史的真実を代表する2つの不朽の人物像をつくり上げ世界文学史上の傑作となった。

のではと思ったかもしれません。それもキリスト教徒なら、なおさら、お金のことを言うのは、あまりよいことではないのではないかと思ったかもしれません。**本書をお読みになればわかりますが、お金から始めるのはとても真っ当なことです。**それを証明するために、ここで経済学者、思想家として有名なマルクスについて少しお話しします。

マルクスは共産主義と結びつけてイデオロギー、つまり現実に影響を与える政治思想として論じられることが多いのですが、マルクス[26]の代表的な著作『資本論[27]』には、共産主義の革命思想を語る側面と、経済学的な理論との2つの顔があります。今は理論の部分だけを取り出してみましょう。

今のような激動の時代、それはこれが書かれた明治時代のような時代の転換期にも言えることですが、経済やお金は大きな影響を持ちます。貨幣論は、そのお金の役割、機能、性質について徹底的に考えたものです。

マルクスはもの（厳密には商品）には使用価値[28]と価値（交換価値[29]）があると考えました。どういうことかというと、ここにペットボトルの水があ

＊26　カール・マルクス［１８１８〜１８８３］ドイツの経済学者、哲学者、革命指導者、科学的社会主義の創始者。中流のユダヤ人弁護士の家庭に生れ、ボン大学、ベルリン大学で法律、哲学を学び、１８４１年イェナ大学で博士号を取得。Ｆ・エンゲルスと出会い、社会主義的傾向を深めた。47年共産主義者同盟に参加、48年エンゲルスとともに『共産党宣言』を執筆し、唯物史観を確立。三月革命に際してはケルンで"Neue Rheinische Zeitung"を発行してドイ

るとします。喉《のど》が渇《かわ》いたのでこのペットボトルの水を飲む。ペットボトルの水は喉が渇いた人には、渇きを潤すという「使用価値」があると考えます。菓子パンがあるとします。同じようにお腹が空いた人がいて、この菓子パンを食べたいと思えば、菓子パンには、空腹を満たすという使用価値があると考えられます。

さて、菓子パンを2個持っていて、喉が渇いている人がいたとします。またペットボトルの水を2本持っていて、お腹が空いている人がいたとします。それぞれ菓子パン1個とペットボトル1本を交換すれば、2人とも自分のほしいものを手に入れられてハッピーです。このとき、菓子パンとペットボトルには、渇きを潤したり、空腹を満たすというそのもの自体の「使用価値」ではなく、ほかのものと交換できるという「交換価値」があると考えられます。この交換価値からマルクスは商品の交換を可能にする価値があると考えました。

この場合は、たまたま菓子パンと水が交換可能でしたが、いつでも、ど

ツの革命運動の促進をはかったが挫折し49年ロンドンに亡命。極度の貧困のなかで著作を続け67年マルクス経済学を代表する『資本論』Das Kapital の第1巻を発表。マルクスの社会科学理論上の最も重要な貢献は、剰余価値論を中核とした資本主義の経済分析にあるが、その透徹した社会分析は政治学、歴史学、社会学、哲学などをも包含する壮大な思想体系であるマルクス主義理論を形成している。

*27 K・マルクスによって著述されたマルクス経済学最大の古典。1867年マルクスみずからの手によって第1巻が世に問われたが、第2巻は死後の85年に、第3巻は94年に、盟友F・エンゲルスによって遺稿が整理、編纂され出版された。W・ペティに始まり、A・スミス、D・リカードを経て頂点に達した古典派経済学を集大成するとともに古典派経済学のなかに含まれていた資本主義的思想を根本か

んなものでも同じように、それぞれ交換すれば、どちらもハッピーというわけにはいきません。たとえば、ある人のところでスマートフォン1台が余っていて、別の人の手元ではペットボトルの水が1本余っていたとしても、よほど特殊な状況でもないかぎり、ペットボトルとスマートフォンを交換したりはしないでしょう。

価値の基準としての「お金」

文明が始まって以来、人は、自分の持っていないものと、自分が持っていて余っているものを交換する、物々交換をしてきましたが、片方がペットボトルしか持っておらず、片方がスマートフォンしか持っていない、という場合には、直接、そのモノ同士を交換するのは、不便だということに気付きました。そこで、その共同体でみんなが同じようにほしがっている価値の基準になるものをなかだちとして、ものを交換するようになりまし

ら批判することによって、資本主義社会の経済構造を客観的、科学的、体系的に論述したものとして以後の経済学と社会主義運動に決定的な影響を与えた。

＊28　経済学の価値論上の用語で交換価値に対するもの。交換価値がある財が他の財と交換される際の交換比率（相対的価値）を意味するのに対して使用価値は当該財がその使用者に対して有する有用性を意味する。また物の有用性は物それ自体から離れては存在しないという意味で、使用価値をもつ物自体をさすこともある。

＊29　商品がもつ2要因のうち他の商品と一定の比率で互いに交換しうることをいう。具体的には1商品と他の商品との交換比率という量的関係として現れる。経済学上この概念を明確にしたのはA・スミスにまでさかのぼる。彼によれば商品の価値は2つあり、1つはある特定物

た。

たとえば、羊がとても大事な財産である村では、羊一匹分の価値があるものをいろいろなものと交換するといったようにです。日本ではお米が交換の規準だった時代もありました。武士の給料や税金はお米の石高（量）で決まっていたのです。

しかし、羊は生きていますし、お米は腐ってしまいます。長く置いておけず、取引の度に動かすのは大変です。そこで、時間が経っても変質しないもの、かさばらなくて移動が簡単で、それ自体をみんながほしがるものが交換の規準として選ばれました。それが金や銀だったのです。しかし、金や

の効用を表わす使用価値であり、他の1つは交換価値であって、経済学の対象は後者であるとした。この商品価値の2分類はD・リカードに引継がれ、リカードは交換価値の背後にある客観的価値を追究しようとした。こうした古典派経済学の努力はその後、交換価値を客観的価値か主観的価値かのどちらかとして把握しようとする2つの方向に2極分化するにいたった。前者の代表はK・マルクスであり、後者はC・メンガーらに引継がれ、使用価値と交換価値を一元的に説明する主観的価値概念の確立をはかり、いわゆる近代経済学の基礎を確立した。

銀自体に価値があると、それを移動するのが危険であったり、それでさえ、移動させるのが手間になったりするようになりました。そこで、紙幣が登場したのです。紙幣には最初、裏付けとして、たとえば、1万円なら1万円分の金と交換できるという保証がありましたが、そのうち、発行している国の銀行がその価値を保証するようになりました。

つまり、みんなが日本という国を信じていて、日本の国の銀行、日本銀行が発行した紙幣は価値があると信じている、という「信用」が紙幣に価値を与えているのです。本当はただの紙切れにすぎないのに、です。みなさんのお財布に入っている紙幣は1万円札も1000円札もどれも、製造原価、つまり、材料費と製作費だけでいうと約25円です。それでも1万円札を25円くらいだと思って使う人はいませんし、受け取った人も25円として扱いません。パソコンの値段が10万円だとして、1万円札の紙切れ10枚とは、製造費や材料費の面でみると、まったくつりあっていませんが、信用という一種のマジックで、別の面では同等の価値があるということになるのです。**このようにものとお金は非対称なのです。**それは、繰り返しますが、人間と人間が交換する過程で形成された信用によって、みんなが紙幣に共通の価値を見出しているからです。こうしたプロセスを経て、紙幣、つまりお金は紙切れであっても、実際には実体としての価値を持つようになったのです。

お金は自由のための力になる

だからお金には価値があり、みんながほしがるということがおわかりいただけたと思います。お金はあらゆる商品と交換できるので、お金を持っていることは、なにかをするときの力になります。**お金を持っていると、ある程度、自由に生きることができます。そして、そのお金を稼ぐこと、お金をもうけることは決して汚いことでも下品なことでもいやしいことでもありません。**お金がほしいと思うことは健全な欲望です。そして、本書にあるように、まず生きていくためにはお金を稼ぐことを考えなければならないのです。

ただし、本書にも、稼いだお金をありたけ注いで、今まで見たことのないような立派なお墓をつくってほしいと遺言した資産家の話などがありました。**このようにたくさん稼いだのに、欲望が肥大化して、社会や周囲に還元しないというのはよくないことです。**要は「足るを知る」ことが大切です。

お金のことは、就職（退職）や結婚（離婚）といった人生の節目にもきちんと考えておかなくてはなりません。いろいろな理由があって、仕事をやめることもあるでしょう。そのときに備えて普段からある程度まとまったお金を貯蓄しておくことは必要です。次の仕事を、腰を据えて、選択肢を広げて考えられれば、自分に合った仕事を見つけられ、長く働ける可能性が高くなります。高い理想を言えば、毎月使っている支出額の3年分があれば、心強いでしょう。

結婚や離婚でもお金は重要な役割を果たします。私がお勧めするのは結婚してもなるべく夫婦でお財布は別、つまり別会計にすることです。もちろん収入の多いほうが家賃や生活費を多く負担するなど、その夫婦ごとに取り決め方はいろいろあるでしょう。共働きでなく、夫婦のどちらかだけが働き、もうひとりは専業主夫、専業主婦になる場合も同じです。結婚して、はじめて相手のことがわかることもあります。結婚前にはやっていけそうだと思っても、結婚してみて色々見えていなかったことが見えたり、親戚や家族との関係も考慮しなければならなくなったりと、うまく行かないこともあるでしょう。そんなとき、自分の自由になるある程度のお金と、自立するため、お金を得られる手段（手に職、働ける見込み）がなければ、結婚生活に終止符を打つことは難しいので、ぜひその2つは確保しておくことをお勧めします。

やりたいことがなくてもいい

お金がなぜ大切なのかがわかったところで、次はそのお金を得るためにやるべきこと、あるいはお金がある人がやるべきことです。お金を稼ぐためには働かなくてはなりません。もちろん、自分の興味のある業界の会社に就職したり、興味のある内容の仕事をするにこしたことはないかもしれませんが、社会に出てすぐに、これが私の天職というものに巡りあえるというのはかなりまれなことです。それに自分が好きなことと、自分ができることと、他人からしてほしいと頼まれることはみんな違うということもありえます。さらにいうと、こんなことがやりたいという強烈なものを持っている人も実はそんなにたくさんいるわけではありません。**とくにやりたいことがない、というのは割合「普通」のことです。**

多くの人は、なんとなく縁があってついた職業、入った会社などで、たまたま自分の担当になった仕事をするうちに、どんな仕事が向いているのか、どんな仕事なら自分が比較的無理をせずに、人の役に立てるのか、あるいはこれだけはどうしても向いていないので、早く離れたほうがよい、ということがわかってくるものです。この業界、あるいはこの会社ではこういう仕事をするのだと思っていたら、実際は全然違って、その会社の取引先の別の業界や別の会社の仕事のほうが向いていたということもあるでしょうし、何年か勤めたあと、そこでできた縁やネットワークをもとに起業して、フリーになって、働くという選択肢もあります。

やりたいことがないからといって、自分はだめだと思いこむ必要はありません。やりたいことがなければ、まず、小さくてもいいので、とにかく何かの事業をしている会社や組織に入ることをお勧めします。大学を出た人がみんな一斉に新卒採用で就職して、会社に一旦入れば、終身雇用で、真面目に働いていれば、生活に困ることはなく定年までいられて、そのあとは退職金で生活できるという時代ではなくなり、会社で働くことのメリットは少なくなっているかもしれません。それでも、やはり一人で生きていくのは大変なことです。小さくてもなにかの組織に入れば、そこでは必ずなにがしかの役割と仕事が与えらます。ひとは与えられた役割や仕事のなかで試行錯誤したり、さまざまにもがくことで、さまざまなノウハウやスキルを身につけることができます。**会社や役所はある意味で自分を引き上げてくれるのです。**3年から5年のあいだ、とりあえず会社や役所で働いてみて下さい。

みなさんが会社で働く際のひとつのメリットは、そこでの業務を通じて、社内外の人とネットワーク、人脈、信頼関係を築くことです。それは、自分だけでなく会社自体にとっての財産にもなります。人脈やネットワークや仕事で築いた信頼などは、お金に換算することが難しいもので、みなさんや会社にとって見えない資産の一部です。

東南アジアでの起業をすすめる理由

最近は起業ブームで、大学生や大学院生のあいだに起業する人もめずらしくありません。ただ、私の見るところ、起業はいきなりするものではありません。ひとつには、日本独特の法律の問題があります。起業をするには、そのためのお金を誰かから借りたり、銀行からお金を借りたりしなければなりません。しかし、日本には連帯保証人の制度があり、もし、起業した会社の事業がうまくゆかず、お金を返せなかったときに、お金を借りた本人が自分の資産を取り崩して返済にあてなくてはならない法律があるのです。起業というのは数多くの失敗を経てそれでも成功するかどうかはわからないといった、非常に根気のいる話です。それがただ一度の失敗でも自分の資産をすべて失うようなしくみなら、だれも失敗を恐れて起業できません。

そうした構造的な問題があることを押さえたうえで、もしどうしても起業したいなら、一つのモデルを紹介しましょう。今、国内市場はのきなみ縮小しています。つまり、国内ではもう、みんなほしいものをすべて手に入れてしまって、新しいiPhoneや新しいゲーム機といったような特定のものを除いて、いろいろなものをほしいと思わなくなっています。

しかし、これから成長していく東南アジアには、まだいろいろなものをほしいと思っている消費者がたくさんいるので、そこそこの規模の会社はどこも東南アジアでものを売ろうと計画しています。そこで、まず東南アジアに行き、東南アジアに進出した日本企業の現地の部署で現地スタッフを監督する管理職を募集していたら、それに応募して、最初から現地の管理職として働くのです。日本で同じ企業に就職して、その部署に配置されるより、現地で応募したほうが入りやすいでしょう。そこで、たとえば、5200人くらいのスタッフを管理する管理職を任されることになれば、5年から10年もいれば、起業で必要なマネジャーの仕事はだいたい身につけることができます。また、現地で十分な人脈、ネットワークができます。それから、その企業をやめて、同業他社の日本企業に入り、前の会社でやったことと同じことを現地企業でやってみて、さらに実績を固めたうえで、退職して起業するのが私が知る限りもっとも手堅い起業の方法です。

起業したいと思っていて、気概《きがい》のある人はぜひ検討してみて下さい。

社会的な地位と人の価値は全く関係ない

仕事との関連では、社会的な地位に惑《まど》わされてはいけないということもぜひ覚えておいてほしいことです。本書で、ジョン・ロックが無名で役立たずな無職の男と思われていて、社会的な地位は低かったけれど、すばらしい思想を残し、それが革命にもつながったことが書かれています。**社会的な地位は、もちろん本人の努力によって得られたものであることもありますが、なにかの偶然が重なったり、明治維新の薩長土肥に生まれたかど**

うか、ということと同じで、たまたま親がお金持ちだったり、運良くよい教育を受けることができ、よい人たちに巡り会えたことで、その人がその地位にいるということもあります。また、社会的地位が高くても、尊敬に値しない人も山ほどいます。

そしてもうひとつ、社会的地位が高い人がいて、その人が自分より知識の量や頭のよさや、仕事の能力が上であるように見えるとき、それは相対的なものにすぎないということもあります。つまり、みなさんが社会に出たばかりの新入社員だとしたら、5年、あるいは10年上の先輩や課長などは、まるで自分と桁違いの能力を持っているように見えることがあるということです。それはみなさんと本質的にちがっている天才だからではなく、多くの場合は、たんに社会経験があるかどうかの違いです。

ただ、自分に経験がないうちはそのことに気づきにくいものです。転移[*30]という心理学用語があります。狭義では、精神分析を受けている患者が、分析してくれている医師に対して、患者の幼児期の重要人物（たとえば

＊30　S・フロイトが見いだした心的現象のひとつ。〈感情転移〉とも訳される。精神分析療法の過程において患者の幼児期における重要な人物（たとえば両親）に寄せた感情、欲望、観念などが分析者に向けて展開されること。このような人間関係の一様態はあらゆる人間関係の中で本来多かれ少なかれみられるものである。

親）に対するような感情を抱くことですが、もっと広く一般的には、教師や、医師や上司など、自分に対して圧倒的な影響力を持ちうる相手に対して、恋愛に似た感情を持つという意味でも使われます。

新入社員に対して何年か上の先輩がメンターとしてついたり、上司が面倒見のよいタイプであったりする場合に、その人たちは、みなさんから見るとものすごく仕事ができて能力が高く、かつ自分のことをつねに気遣ってくれると感じられるかもしれません。**しかし、それは、先程も言ったように、単に社会経験の違いによるもので、5年もすれば、みなさん自身も同じくらいの能力を持つことになり、その人たちも、標準的な人間であることがわかってきます。**また上下関係や影響関係がある場合には、みなさんが、とくに「恋愛体質」だからというわけでなく、上の立場の人に対して好意を持ちやすい状況にあるということをとりあえず知識として知っておきましょう。かれらがあなたに親切にするのは、後輩や社員として気遣っていたり、もっと身も蓋《ふた》もないことを言えば、みなさんが早く様々なスキルを身につけてひとりで業務ができるようになってもらわないと会社として困るからで、個人的に好意を持ってやさしくしているわけではないというくらいに考えていて下さい。

さらにもう一点、仕事をする際に、現代において問題になりがちなのは、パワハラ、セクハラなどの各種のハラスメントです。例えば直接の上司からパワハラやセクハラに当たる行為を受けた場合、まずはひとりで抱え込まず、家族なり友人なり第三者に相談しましょう。また、その状況をメモでもいいので書き留めておき、パワハラ行為を示すメールやラインがあれば保存する、電話なら録音する、呼び出されたらレコーダーで録音しておくなどの記録をとっておきましょう。そして、公式に正しい手続きとしては、多くの会社には、総務部に、ハラスメント対策の窓口があるはずなので、そこに相談する。あるいは、勤務先の地域の労働基準監督署の相談窓口に相談するという方法があります。

その正統的な手続きをちゃんと知ったうえで、こういう方法もあります。

これは正攻法を用いたときに自分に著しい不利益が生じることが想定される場合に用いる方法です。社会の現実ではこのような状況が少なくありません。たとえば直接の上司にハラスメントを受けた場合には、それを信頼できる、直接の上司ではない、斜め上、つまりほかの部署の管理職や、同じ部署ではない離れたところにいる先輩に相談するのです。その場合、問題のある管理職は配置替えされ、みなさん自身の立場も守られ、ハラスメントをした上司について、みなさんが公式な窓口に訴えなくても、制裁を下すことができる可能性があります。ただし、これは正攻法ではありません。あくまで、正攻法以外に、そういう方法で、ハラスメントから逃れる方法もあると知っておいて下さい。

学歴よりも学問知識を得よ

次に教育についてもお話ししましょう。

よく学歴は必要かという問いがあります。学歴があれば、企業の中でも「学閥[*31]」に属することができて、出世できそうと思われるかもしれません。**しかし、本当に実力のある人は、たとえ有名大学出身者であっても、同じ学校同士で固まって、他の大学の人を排除したりはしないものです。**学歴にしかよりどころがない人たち、すなわち、企業であれ、社会であれ、あまり活躍できていない、優秀でない人たちが、学閥を作っているのです。

学歴自慢をする人はほかに自慢できるものがなく、会社や社会に居場所がない人たちです。これは家柄自慢をする人も同じです。それしか誇るものがないのでそれにしがみつくしかないのです。

学歴ではなく、何を学んで、どんなスキルを身につけているかが重要なことです。そして、必要なのは学術的知識です。学術的知識は、実学でないと言われて、社会では軽んじられがちですが、仕事での企画力につながるので学ぶべき価値があるものです。

ただし、今の大学では、社会に出てする仕事に直接役に立つスキルは学

＊31　特定の学歴（学校歴）を構成要因とした、非公式の下位集団。官界、学会の東大・京大閥、実業界の一橋・慶応閥、言論界の早大閥、教員の旧高等師範閥などが有名。学閥はある大きな集団の中で、成員の資源配分をめぐって特殊主義、個別主義的な性格をもち、排他的、私的に利益追求を行う。

べません。そこでお勧めするのは、大学在学中、あるいは社会に出るまでに、数学検定の2級（高校2年程度）、英語検定の準1級を取ることです。英語検定準1級は外務省が「即戦力になる」と判断する基準と同じです。英検には、英文和訳、和文英訳があります。このふたつを見れば、語学力がもっともよくわかります。英検以外ならＴＯＥＩＣよりもＩＥＬＴＳ＊32のほうが、問題が記述式であるという点で、英語力を適切に測れるテストです。

また、日商簿記2級を取っておくのも役立ちます。なぜ2級なのかというと、3級の商業簿記だけではなく、在庫管理を含む工業簿記も含まれるからです。ここまでの知識があれば、企業価値の計算ができるので企業の経理・財務部門でも重宝されます。

もうひとつ、もしできれば、なのですが、なるべくアルバイトはしないほうがいいと私は考えています。アルバイトの時間で教育の時間が奪われるのがもったいないからです。もしみなさんが語学の専門学校や、外国語

＊32　アイエルツ（International English Language Testing System）海外留学や研修のために英語力を証明する必要のある人、イギリス、オーストラリア、カナダなどへの海外移住申請に向いた英語力の測定テスト。イギリス、オーストラリア、カナダ、ニュージーランドのほぼ全ての高等教育機関で認められており、アメリカでもＴＯＥＦＬに代わる試験として入学審査の際に採用する教育機関が３０００を超える。

学科に通っているとします。そして、時給1000円のアルバイトをしていたとしましょう。いっぽう、高度な通訳ができる人は時給2万円をもらっています。アルバイトをする時間にさらに語学の高度な勉強をすれば、将来時給2万円の仕事ができたかもしれないのに、その機会を喪失していることになるのです。**アルバイトをしなければ将来得られたかもしれない時給2万円のことを機会費用[*33]といいます。**今の1000円と将来の2万円とどちらを取るべきなのかはよく考えたほうがよいのです。

ところで、前述したように、内村も先輩の新島襄もアメリカのアマースト大学に留学していますが、ラテン語やギリシャ語ができずアマースト大学では文学士の資格を得られませんでした（新島も内村も当時の基準では文学士よりも一段落ちる理学士の学位を得ました）。それはアマースト大学に、初めてギリシャ語やラテン語を学ぶ人のための教育システムが整っていないからである、同様に日本にも教育システムがなければ、人は能力があっても、必要な教育を受けることができないと考えた新島襄は同志社

＊33　あることを行ったことで見過ごした機会に発生した費用。機会損失ともいう。一定量の生産要素を投入してある生産物を生産することは、もし生産しようと思えばできたであろう他の生産物の生産を断念することを意味する。この場合、生産の機会が見過ごされた生産物のうちで最大のものを、実際に生産された生産物の生産費用と考えることができる。

大学を設立しました。そういう成り立ちなので、同志社大学はキリスト教主義の大学ではありますが、キリスト教徒を増やすために作られたミッション・スクールではありません。

転換期には価値観が変わる

内村は、読者に向かって、まずお金をもうけなさいと語りかけ、事業をしなさい（すなわち働きなさい）と言い、それができなければ教育に携わるか、本を書くかして、思想を遺しなさいと言いました。それらがすべて向いていなかった人、それらができなかった人たちはどうすればいいのかというと、生き方を真っ当にしなさい、よりよく生きなさいと言っています。

よりよく生きると言いますが、考えてみて下さい、よく生きるとはどういうことなのでしょうか。

この解説で最初から何度も触れているように、今は激動の時代、時代の転換期です。**そして、転換期には、往々にして価値観が変わります。**

コロナが流行する前後のことを思い出して下さい。コロナ以前、引きこもりはあまりよくないことのように言われがちでした。社会問題にもなっていました。しかしコロナでは、自分が感染せず、人にも感染させないように、外出自粛を国が要請しました。みなさんも、自宅にいることで、命を救おう、Stay Homeというスローガンをネットや YouTube上で目にされたでしょう。引きこもりは歴史上初めてと言っていいくらい、奨励され、社会の「お荷物」のように扱われていたのが、一転引きこもりこそが正義になりました。

マスクも同じです。コロナ以前には、とくにアメリカやヨーロッパの人にとっては伝染病患者を連想させるものでした。これまで風邪予防や、風邪をうつさないため、あるいは花粉症のためにマスクをしている日本人や韓国人はアメリカやヨーロッパの人たちには異様に映っていたようです。

日本国内でも、マスクをしていると花粉症ですか、とか風邪ですか、と尋ねられたりして、決して日常的に着用するものという認識ではありませんでした。若い人たちが、風邪でも花粉症でもなく、表情を見られなくて楽だから、などの理由でマスクをすることもありましたが、それはあくまで若い人たちのあいだで限定的に行われていたことでした。それがコロナ以後はマスクをつけるのが「常態」、普通のことになりました。キャラクターや模様がプリントされたマスクや、レースなどの飾りのついたマスク、高機能のマスクなど様々な種類のマスクが出回り、ファッション性を加味してつ

ける人も増えました。マスクの位置づけはコロナ前後で決定的に変わったのです。

マスクが当たり前になると、化粧品の売れ行きも変わります。口紅をつける必要がなくなり、口紅の売上げは間違いなく落ちているでしょう。そもそもテレワークやリモートワークが普及して、あまり化粧をしなくなったという人もいるでしょう。

「真面目に働く」とはどういうことか

引きこもりやマスクの位置づけだけではなく、テレワークやリモートワークで仕事のしかたが変わったので、その評価のしかたも変わるでしょう。

今までは会社に長時間いることや、そのあとに飲み会に参加して、どれだけ会社の人たちと一緒に過ごすか、会社のために時間を使っているかが暗に評価され、仕事が終わって、定時に帰る人は、「帰るの？」と非難がましい目で見られたりしていましたが、リモートワークなら、仕事のプロセスは関係なく、結果だけ出せばよくなり、仕事にかけた時間、会社のために使った時間は評価の対象にはなりません。

また、これまでは会社の目標や目的を伝え、部下を管理するために中間管理職が置かれていましたが、リモートワークでは中間管理職が要らなくなるでしょう。なぜなら、始業時間や終業時間、割り当てたタスクを完了したかどうか、など、仕事のしかたをリモートワークのために支給したパソコンに入れた管理ツール（監視ツール）で管理すればよいからです。

こんなことも起こりうるかもしれません。支給したパソコンで仕事を管理し、しかもそれが成果主義によって評価されるならば、評価されたい社員は、より短時間で大きなタスクを完了したかのように細工をするかもしれません。会社支給のパソコンでは定時で仕事が終わったように見せかけ、実は私物の個人のパソコンで、仕事を続けていて、短時間に多くの仕事をしたようにつくろえるということです。決められた時間以外にも働くという抜け駆《が》け行為が横行していると私は見ています。こうなると、長時間労働をやめさせようとして行われた働き方改革は実質意味をなさなくなります。

また、こんなこともありえます。実際には自分にはできない仕事をリモートワークで請け負い、その仕事を海外の優秀な業者に安く発注して、業者から成果物を受け取り、それをそのまま横流ししているくせに、さも自分がした仕事であるかのように会社に納品して、高い報酬をもらって、利ざやを稼ぐという行為です。

また、会社で一緒に顔を突き合わせて仕事をしなくなると、プロセスは関係なく結果だけ収めればいいわけですから、逆に言うと、管理職はプロセスを見張って管理しなくてもよくなります。つまりその間、管理職の責任は問われなくなります。管理職が部下に「うまくやれ」とだけ言って、部下は自分なりの工夫で「うまく」やり、実際にうまくやれても、できなくてトラブルになっても、すべて自己責任として処理されてしまうかもしれないのです。**誰も守ってくれない状況でそれでも会社のために働き続けるのか、体を壊すまでやり遂げるのか。雇用されている、被雇用者、労働者としては、その都度記録を残して上司と共有するなど、不当に自己責任を押し付けられないように、自衛をして、自分自身を守らなければなりません。**

真面目に働くとはどういうことなのか。その意味や内実も変わるでしょう。さきほどは、評価されたいために、過剰に働く場合をお話ししましたが、逆にリモートワークをしながら、適当にさぼり、定時に仕事をしたように見せかけるのが当たり前になるかもしれません。

そもそも正義とはなにか、なにが正しいことか、というのは、相対的なものです。状況が変われば正義や正しさや真面目の内容は変わります。ではどのように自分の「真面目」の度合いを実行するのか、会社に尽くすのはどの程度にするのか、会社から自分の身を守るために会社の言うとおりにするのはどこまでにするのか、などについては自分の生き方と価値観によって決まってくることになります。自分としてどう決めるかが重要になり、どこにも正解はないのです。

そうなると自分の価値観を問い直し、内面を掘り下げてみる必要があるでしょう。

自分の内面を掘り下げる方法

自分はどうあるべきか。仕事や生き方をどのように考えるべきか。その前にそもそもどのように生きていきたいのか。時々立ち止まってそれを考えるのは大変重要なことです。

私がお勧めするのは、現在抱えている課題をノートに書き出してみることです。ノートに書き出すことが有効なのは、紙に書くことによって、それが、「対象化」できるからです。対象化というのは、自分の外に出して、他人の目でそれを眺めるということです。もちろんパソコンやスマホのメモアプリなどに書いてもいいのですが、向き合いたくないことを書き出してしまうと、簡単に消してしまえるので、ノートに書くほうが腰を据えて考えられると思います。

まず、今の課題、これができなくて困っている、このことを乗り越えなくてはならない、あるいは自分がやるべきだと思っていることなどを何でもいいので全部書き出します。そして、それと別に、5年後にこうなっていたいとか、こういう自分でありたいということを書いてみます。それを見比べると、おそらく5年後になっていたい自分に対して、もっとこういうことをやったほうがいいんじゃないかとか、これはやる必要がないのではないか、ということが見えてきます。また5年という時間軸があることで、解決できないと思っている課題も、分解すれば、こういう順番でうまくいくのではないかとか、やるべきことをどういう順番でやっていくと、5年後のなりたい自分になれそうなのか、なども考えやすくなるでしょう。

5年という時間軸を示しましたが、もうひとつこれからの生き方を考えるのに有効なのは、60歳くらいまでのロールモデルを5年ごとにつくり、そのロールモデルに照らして、今やるべきことを考えるということです。

どういうことかというと、いま20歳の人は25歳くらい、30歳くらい、35、40、45……60歳くらいの、それぞれ自分の知っている尊敬できる人を思い浮かべるのです。そんなに厳密に5歳区切りで素敵な知り合いはいないかもしれませんが、一応理想では、5歳区切りで、こうなりたいと思えるような人を想定して、その人のようになるにはどうしたらいいかということを逆算して、今の自分がやるべきことを思考実験するのです。その人がどういう経歴だったのか、どういう努力をしてきたのか、会社の先輩や、取引先の人、大学の先輩なら、ある程度わかることもあるでしょう。その人が具体的な資格などを持っているなら、その資格を取るために何年くらい勉強すればいいのか、などを考えることもできます。また、有名人ならネットで調べればすぐに経歴やインタビューでそれらを知ることができるでしょう。**必ずしも厳密にそのとおりにするということではなく、やみくも**

に将来のことを考えようとしても具体的な手がかりがなければ、考えようがないので、考えるための拠《よ》り所やヒントにするということです。

きらいな人を研究する

なりたい自分や、こういうことをしたいという目標と同様に悩みの中心になるのは人間関係だと思います。とくにきらいな人、いやな人とどうつきあうのか、あるいはつきあわないのか。これも、紙にきらいな人のどこがきらいなのか、どういうところがいやなのかを書き出してみると、課題と同じで対象化できます。

認めたくないことかもしれませんが、きらいな人というのは往々にして、自分の「シャドー（影）」である可能性が高いのです。シャドーというのはユング[＊34]の心理学に出てくる概念で、光が当たってできる影のように、人の心の影の部分を指します。自分ではあるけれど、自分では認めたくない

＊34　カール・グスタフ・ユング［1875〜1961］スイスの精神医学者、分析心理学の創始者。ボーデン湖畔ケスビルに牧師の子として生まれる。バーゼル大学医学部卒。E・ブロイラー、P・ジャネ、S・フロイトらに学ぶ。とりわけフロイトとは1907年の初会見以来親交を重ね一時後継者と目されるが、1913年に訣別。〈集合的無意識〉〈元型〉〈自己〉といった独自の概念を駆使して人類の心の深層を探査し続けたその営為は、特に1970年代以降世界的な注目を集めている。超常現象、東洋思想、ヘルメス的伝統（ヘルメス思想）などの再評価という側面からも、大きな現代的関心が寄せられる思想家。

否定的で暗い部分のことです。他人のことを悪く言うとき、人は、自分のこの影の部分を他人に投影していることが多いのです。

みなさんは『ジキル博士とハイド氏』[*35]の物語をどこかで聞いたことがあるかもしれません。ジキル博士は自分の性格の中の悪の部分を分離する薬を発明し、薬を使って、夜はその悪の部分だけでできたハイド氏として、悪行を繰り返していた……というストーリーです。誰にでも明るい部分と暗い部分、善の部分と悪の部分と両方があるものです。

きらいな人は、自分の悪の部分や暗い部分、あるいは自分もそうしたかったのにそ

*35 イギリスの小説家R・L・スチーブンソンの小説。1886年刊。二重人格を扱った魅力的な怪奇譚として広く読まれてきた。

うできなかった部分を象徴しているように見えるので、自分の暗部を見せられるようで、近親憎悪のためにきらいなのかもしれません。あるいは、そうしたかったのにそうできなかったことをその人が実現しているのが羨ましくて妬《ねた》ましいからきらいなのかもしれません。**そのようにして、自分のきらいな人やきらいなものを対象化して、いわば、自分の内面を外側に出すことによって、自分をよりよく理解できるようになります。**人間は自分の心をそのままでは客観視できません。そして客観視できないもののことは考えられません。内面というのは、つねに外への関心とセットで成り立っているものです。他人の姿を見ること、ある他人について自分がどう感じているかを考えることは、すなわち自分を見ることにつながるのです。

17世紀のドイツの哲学者ライプニッツ[*36]が、『単子論』（モナドロジー）という本を書いています。この本では、世界は、これ以上分割できないひとつのものである（単子＝モナド）と考えられています。そこでは、内面と外面の区別はありません。このことを「モナドには窓がない」とライプニ

*36　ゴットフリート・ライプニッツ［1646〜1716］ドイツの哲学者、数学者。12歳のときほとんど独学でラテン語に習熟。1661年ライプチヒ大学に入学、法学と哲学を学ぶ。1666年アルトドルフ大学で法学博士号を取得。1667年からマインツ選帝侯に仕えて政策立案などを行ない、1672年にフランスのパリに派遣された。1676年帰国して死ぬまでハノーバー侯に仕えたが、晩年は不遇であった。広範な問題を取り扱ったが、数学では1675年独自に確立した微積分法がある。また彼の哲学はクリスティアン・ウォルフによって変形されつつ体系化され、普及してドイツ啓蒙主義の主潮であるライプニッツ＝ウォルフ学派を形成した。

ッツは言い表しています。窓があるということは、窓の外が見えないということです。互いには見えないが、モナドが多数共存してこの世界はできているという考え方です。

厳密に哲学的な説明ではありませんが、わかりやすく言うと、単子論では、宇宙があり、それを移す鏡があるとする。その鏡はそれぞれ存在する位置や角度が違うので、宇宙の姿を違ったように映し出す。その映し出し方が個性であると考えるのです。もっと言うと、円錐が宇宙だとします。上から見ると円に見えますし、横から見ると三角形に見えます。この見え方の違いが個性だということです。

別にこの考え方が正しいか正しくないかということを言いたいのではなく、このような考え方を知っておくと、個性とは、自分とは、他者とは何かということを考えて行き詰まった際に、大きなヒントになるのではないかと思います。

このままの世の中でいいのだろうか

自分の価値観や生き方について掘り下げられたら、今一度、視点を外に向けてみましょう。本書を読みながら、現代社会について、いろいろ考えてきましたが、では、このままの世の中でいいのだろうかという疑問がわいた人も多いのではないかと思います。さまざまな分野の学者や識者が現代社会が行き詰まっているというような意味のことを言っています。現実に、資本主義[*37]という、今私たちが生きている社会を動かしているシステムは、これ以上続行するのが難しくなっているように見えます。資本主義が行き過ぎて、格差が広がったということもよく言われます。

なお、資本主義というのは日本、アメリカ、韓国、ヨーロッパなどの国が採用している政治・経済体制で、そのなかでは、自由競争が行われています。これに対して、かつてのソ連、中国などは共産主義、社会主義とい

＊37　生産のための組織が資本によってつくられている経済体制。資本制企業が物財やサービスの生産・流通の主体になっている経済体制であり、資本制経済ともよぶ。日本、アメリカ合衆国、西ヨーロッパ諸国など、いわゆる「西側の先進国」の経済体制は資本主義である。

う政治・経済体制で、国がものをつくる量を決め、売って得られた利益は建前上は国民全員に平等に分配されます。自由競争がないので、貧富の差はないことになっていました。現在のロシアは資本主義国となり、中国は政治的には共産党一党独裁体制ですが経済は資本主義です。共産主義体制を維持しているのは北朝鮮とキューバくらいしかありません。

歴史的には、資本主義が行き過ぎたのは、東西冷戦[*38]が終わったからだと考えられます。大雑把に言うと、第二次世界大戦後、日本も含むアメリカを中心とした資本主義国の西側と、ロシアや中国を中心とした共産主義国の東側で対立していました。資本主義では、貧富の差がありますが、共産主義では建前上貧富の差はありません。冷戦中は、西側の権力者たちは、自分たちの国の人たち（労働者）が、貧富の差に不満を持って、共産主義に転向して、革命を起こすことを恐れていたので、共産主義思想を持たないように、圧力をかけていた面がありました。とくにアメリカでは、赤狩[*39]り（赤、アカは中国の国旗や、ロシアの前の旧ソ連の国旗の色であるよう

＊38　第二次大戦後、１９４７年から１９８９年の米ソ首脳による冷戦終結宣言（または１９９１年のソ連崩壊）まで続いた、米国を中心とする西側自由主義諸国と、ソ連を中心とする東側社会主義諸国による政治・軍事・経済的対立。

＊39　共産主義者または社会主義者、さらにはその同調者を政府が逮捕したり追放したりする行為。ファシズム政権や軍事政権のもとで多くみられる。たとえば第二次世界大戦前の日本、ナチス・ドイツ、軍事政権下のインドネシアなどにその例がある。しかし民主主義を唱えるアメリカでも戦後マッカーシー旋風のもとに赤狩りが行われた。

＊40　１９８０年代以降に世界的に支配的となった経済思想・政策の潮流。１９６０年代の末から70年代にかけて、ドル・シ

に、共産主義を象徴する色です）といって、ちょっとでも共産主義的な言動をした人を社会から追放する（パージする）ような動きもありました。かといって、労働者をあまりきつく締め上げると労働運動が強くなって、やはり共産主義革命の危機があるため、資本主義国家のもとでも、労働者をある程度満足させるように、国が、自由競争が行き過ぎないような施策をして、ある程度バランスが取れた経済政策がなされていた側面がありました。

しかし、1989年、マルタ島で、アメリカのG・H・W・ブッシュ大統領と旧ソ連のミハイル・ゴルバチョフ大統領の両首脳が冷戦終結を共同宣言し、冷戦は終結しました。その後は、経済の自由競争を加速するような、新自由主義[*40]的な政策が世界中で行われ、インターネットや携帯電話が普及するIT革命[*41]が進みました。こうして、資本主義は肥大化していったのです。

ョック（アメリカの経済的衰退を明確にしたドルの金兌換中止）、オイル・ショック、激化する労働運動、そして低成長下のインフレーションなど、第二次世界大戦後、高成長を維持してきた先進国の資本主義は大きな危機にみまわれた。その際、その高成長を支える思想体系としてのケインズ主義（市場を自由放任にするのではなく、政府が積極的に介入する）にとってかわる危機の解決として現れ、80年代から資本主導のグローバリゼーションのイデオロギー、実践的な知として主流となった。

＊41　インターネットなどのインフォメーション・テクノロジー（情報技術）の革新と活用が個人や企業や組織の活動に大きな変革をもたらすことを指す言葉。新たな経済成長はもとより国家・社会・企業等の組織そのものを変え国際経済や国際政治を劇的な変化をもたらす現象が起こる。

身の回りで贈与と互助をする

新自由主義政策では、国は弱者を助ける政策をあまり採らないため、社会保障が弱くなり、失業が増えます。企業の経営者や、もともと裕福な人たちなど資本家の富はますます蓄積し、かれらは強欲になる一方です。もちろんそれだけが原因ではないのですが、これが格差につながっています。**今しなければならないのは再分配です。**つまり、少数の人のところに集まっている富をみんなに行き渡るようにするということです。だからといって、共産主義体制にすべきだと言いたいのではありません。私が必要だと思うのは、後期資本主義（福祉国家とか混合経済体制と呼ばれることもあります）という国家が経済過程にある程度介入する修正資本主義です。

かつて、文芸評論家の柄谷行人《からたにこうじん》*42は、ＮＡＭ（New Associationist Movement）という名前の、行き詰まっている資本主義を超えた、新しい社会経

*42 柄谷行人［１９４１〜］評論家。本名、善男。東京大学経済学部卒業後、同大学院で英文学の修士課程を修了。１９６９年、『〈意識〉と〈自然〉―漱石試論』で群像新人賞受賞。初期の代表作に『意味という病』（１９７５）がある。78年に亀井勝一郎賞を受けた『マルクスその可能性の中心』を契機に文学に限定せず、システムとしての近代的知性そのものに対する鋭い批判的考察を続ける。１９８０年代のいわゆるニュー・アカデミズムの旗手。

済システムを構想しました。内容は『NAM－原理』という柄谷の著書にまとめられており、実際の活動もあったのですが結局破綻《はたん》してしまいました。そこでは、資本主義体制の中にありながらも、「交換」をキーワードに、従来の資本主義の格差などの問題を乗り越える形を模索していました。

カール・ポランニー*43の『経済の文明史』によると、経済活動には3つあります。互酬（性）、再分配、市場交換です。

互酬（性）とは広い意味での贈与、つまり、見返りを求めず、「これをあげますから自由に使って下さい」ということです。

再分配とは生産したものを共同体の誰か、国などに一度集めて、それを個人個人の必要に応じて分け合うことです。**共助、公助、互助と言い換えることもできるでしょう。**

市場交換は資本主義の経済活動によるもので、お金を出して、ものを買うこと、お金と商品の等価交換のことです。この交換には、商品に見合うだけのお金が必要になります。私たちの日々の消費活動がこれです。

*43 カール・ポランニー［1886〜1964］ハンガリー生まれの経済学者。主としてアメリカで活躍。ブダペスト大学その他で哲学と法学を学び、第一次世界大戦後ウィーンで雑誌の編集に従事。ナチスに追われてイギリスに移り、オックスフォード大学の課外活動常任委員会の講師その他を経てコロンビア大学客員教授となり、経済史を講義。物資の交換形態として、互酬性、再分配、（市場）交換の3様式を摘出し、交換形態の分析により、近代の市場経済社会と、その他の非市場社会とを同時に扱うことを可能にした。近代西欧の市場経済が人類史上、特殊であることを示し、経済人類学の発展に多大の貢献をした。

そして、現代は3つのうち、市場交換に偏りすぎているためにいろいろな不具合が起こっているといえます。もっともっと互酬（性）（見返りなしにあげます）と再分配（共助、公助）が必要なのです。

ただし、再分配を制度でやろうとして、国家機能を強化すると、国の権力が大きくなりすぎて、ヒトラー[44]のナチズムやムッソリーニのファシズム[45]のような体制になってしまいます。再分配をどのようにするかはバランスが非常に難しいのです。**ですから、もしできるなら、自分がいるネットワークで贈与と互助をできるだけ行うということも大切なのです。**国だけに期待するのではなく、自分の身の回り、仕事の回りから解決できることを解決する。今できることで構造を変える努力をするのです。そして同時に社会改革を進めることが大切ではないかと思います。

国連で、地球や社会がこの先も長く存続するように、二酸化炭素の削減など、17項目にのぼるSDGs[46]という目標を掲げていて、国や大企業はこれを推進する努力をしていますが、私は、SDGsは自分から、という気

＊44 アドルフ・ヒトラー［1889〜1945］ドイツの政治家。第一次世界大戦に志願して出征。1919年9月ドイツ労働者党に入党、のちその独裁的指導者となり、これを国家社会主義ドイツ労働者党（ナチス）と改名。23年11月ミュンヘン一揆を起こして失敗し投獄された。出獄後は合法的大衆運動として党を再組織し、保守派、軍部、大資本家の援助により、32年には大統領選挙に出馬したが落選。その後ナチスは第一党となり、33年首相。34年8月P・フォン・ヒンデンブルク大統領の死後、大統領を兼ねて総統（フューラー）と称した。以後独裁政治によって軍備を拡大、

持ちが必要ではないかと思います。

再分配を考えるときに、必ず議論になるベーシック・インカム[*47]について一言触れておきます。私は、すべての国民に、政府が生活をするための一定額を無条件で支給するという、ベーシック・インカムは有効ではないと思っています。再分配の問題を、お金そのものを無条件に無償で配ることだけで解決しようとすると、生活習慣を建て直したり、生きていくための技能を身につけたり、働こうという意志をそいでしまうからです。ベーシック・インカムでなく、ベーシック・サービスであるべきです。その意味では、今、菅義偉政権が掲げている政策理念「自助、共助、公助」については、違和感を感じます。というのは、自助というのは自分の力で生きていこうとすること、そして、これはもうすでにみんなやっているはずの当たり前のことで、政府に言われるまでもないからです。国は黙って公助を行い、共助を訴えればいいのです。国が自助を言うのは異様なことのようにさえ思われます。たとえば、家の家訓で、「親を殺してはいけない」と

ベルサイユ条約を破棄し侵略主義を推進してドイツを全体主義国家にした。39年9月ポーランドに侵入し第二次世界大戦を開始、45年4月敗戦を目前に自殺。

＊45　狭義には資本主義が全般的危機に陥った第一次世界大戦以降のイタリアで、労働者階級の革命運動の高揚に対抗して登場し、議会制民主主義を否定して反革命独裁を志向したベニト・ムッソリーニに率いられたファシスト党の運動、体制、およびそのイデオロギーをいう。一般概念としては、それ以後の類似の現象をさすが近年多義的に用いられている。極右政党、軍部、官僚中の反動分子らによる政治独裁を目指し、自由主義、社会主義を排撃し、全体主義、軍国主義、ナショナリズムの高唱などを特色とする。

＊46　２０１５年9月にアメリカ合衆国の国連本部で開催された「国連持続可能な開発サミッ

か、会社のルールで、「他人の持ち物を盗んではいけません」などと書かれていたら、そんなするはずもないことをわざわざ家訓やルールにしてメンバーに知らせるなんて異常だと思うでしょう。これと同じです。

自分でもできる社会改革をしながら、国家を通じた再分配（共助、公助）が必要だということを改めて言っておきたいと思います。

強制された信仰を捨てなかった内村

ここで少し、内村について補足しておきます。実は内村がキリスト教に入信したのは、決して、自分から進んでのことではありませんでした。今の北海道大学の前身の札幌農学校に入学したとき、先輩にキリスト教を強制されました。そのとき、同級生の中で最も頑なにキリスト教に入ることに抵抗しましたが、結局最後には折れて入信することになります。しかし、自分から進んでキリスト教に入信し、内村にそれを強制した先輩たちは、

ト」において採択された「持続可能な開発のための2030アジェンダ」で掲げられた目標。2000年採択のミレニアム開発目標MDGsの後継として貧困や不平等のない、気候変動に対応した持続可能な社会実現のため各国が2030年までに達成すべき行動計画を示している。発展途上国だけでなく先進国も含めたすべての国際連合加盟国が達成すべき目標として全会一致で採択された。内容は17のゴール（目標）と169のターゲット（具体的目標）からなる。

＊47　所得補償制度の一つ。すべての国民に、政府が生活に足る一定額を無条件で支給するもの。貧困対策・少子化対策などを兼ねるほか、現行の生活保護や失業保険制度などを廃止し、これに一本化することで、支給の行政コストを抑制できるとされる。莫大な財源を要することから、実施している国はない。

比較的早い段階で、あっさり信仰を捨ててしまいました。けれども、内村だけはその後も生涯キリスト教徒として活動し続けたのです。**人間というのは不思議なもので、押し付けられたからこそ、逆に自分の意志で自ら選び取るよりも、より深く無意識に、ある思想や考えを内面化しているということがあるものです。**

少し話が飛びますが、第二次世界大戦後に発布された日本国憲法の第九条[*48]では、戦争放棄と戦力を持たないことを明記しています。にもかかわらず、日本には自衛隊があり、これまでに海外で戦闘行為を行ったこともありました。憲法に兵力を持たないと書いてあるのに、兵器を持って戦う自衛隊を持っていることが矛盾《むじゅん》だという問題はこれまで何度も議論になりました。憲法を変えて堂々と兵力を持っていると言うべきだという人もいれば、憲法は変えず、自衛隊に武力行為を認めさせてはいけないという人もいます。

なぜ、明らかな矛盾があるまま、日本はこの憲法を維持し続けているの

＊48　日本国憲法で戦争の放棄と戦力の不保持を定めた条項。2項からなり「（1）日本国民は、正義と秩序を基調とする国際平和を誠実に希求し、国権の発動たる戦争と、武力による威嚇又は武力の行使は、国際紛争を解決する手段としては、永久にこれを放棄する。（2）前項の目的を達するため、陸海空軍その他の戦力は、これを保持しない。国の交戦権は、これを認めない」とうたっている。このために非戦憲法、戦争放棄条項と呼ばれる。しかし自衛隊が発足してその位置づけと第九条の解釈が問題となっている。

か。柄谷行人は、『憲法の無意識』（岩波新書、２０１６年）という本で内村のキリスト教信仰と日本国憲法第九条がアナロジカル（類推的）な関係にあることを指摘し、強制されず、自分で選びとったものだったら、もっと自由に捨てていただろう、強制されたからこそ、かえって強く日本国民を捉え続けたのだという意味のことを書いています。

内村は本書で、キリスト教を信仰することのすばらしさを特別声高に語ったりはしていませんし、キリスト教の教えをしつこく説くこともしていません。しかし、表面的な言葉でイエスやキリスト教をほめたたえたり、読者に信じなさいと迫ったりするよりもはるかに力強く、内村自身の存在全体からにじみ出る言葉として、キリスト教に基づいた考え方、どのように生きるべきかを、お金、事業、教育（あるいは本を書いて思想を遺すこと）、生き方の４段階に分節化して、普遍的に広く多くの人に伝わるように語っています。

どん底を味わったからこそ言えること

最終的に内村が信じたのは、2つのJ、Japan＝日本と、Jesus＝イエスでした。本書は、明治時代、閉塞感にさいなまれる若者を鼓舞して、日本をよくしたいと思っている気持ちが切々と伝わってきます。また、それは同時に自分自身を鼓舞しているようでもあります。**明治政府のエリートではなく、さまざまな挫折や、どん底を味わったうえで、それでもどうやって生きていけば自分が納得できるのかということを徹底的に考えた人ならではの言葉なのです。**内村の意地、モットーが非常にストレートな形で表されているところが魅力でもあります。

講演を筆記した文体だからとも言えますが、決して優等生的にお説教するのではなく、ところどころで、必ずしも人格者然としていない、辛辣《しんらつ》な口ぶりで、エピソードを語るのもおもしろく感じられます。たとえば、

「クラークは学者として二流」などと悪口を言うのですが、前述した内面との関係でいえば、クラークは内村自身のシャドーだったのかもしれません。先輩が創刊した雑誌に書かれた論文が、その人のありのままを語っていなくておもしろくないから、トイレットペーパーにしています、と言ってのけて、先輩に激怒された話なども豪快な感じがします。

内村がもしラッキーだったとすれば、留学先がアメリカだったことでしょう。当時の米国は英国に比べると階級社会ではありませんでした。本書に書かれているように、自分の意志で事業を起こしてお金持ちになった人がたくさんいました。それを見て、日本でも若者たちに希望をもたせて日本をよくしていけると、内村は信じることができたのでしょう。もし内村がイギリスに留学していたら夏目漱石*49のように鬱《うつ》になっていたかもしれません。

この本は、内村がキリスト教を研究した本などとは違って、内村自身の生き方そのものを示して本にしたとも言えるでしょう。

*49　夏目漱石［１８６７～１９１６］小説家、英文学者。本名、金之助。１８９３年東京大学英文科卒業。松山中学校教師（１８９５）、第五高等学校教授（97）、イギリス留学（１９００）などを経て第一高等学校、東大の教壇に立った。１９０５年から高浜虚子のすすめで『倫敦（ロンドン）塔』『吾輩は猫である』などを執筆、続く『坊っちゃん』『草枕』でゆるがぬ声価を確立。07年朝日新聞社に入社して創作に専念、『虞美人草』（07）、『三四郎』、『それから』（09）、『門』（10）などを書き、自然主義の告白性と対立する客観小説を完成。10年の修善寺での大患以後、死の危機を自覚した生の認識が一層深まり『行人』（12～13）、『こゝろ』『明暗』など晩年の大作では知識人の孤独な内面に光をあて自意識の不安と苦悩を描いた。

先行きわからない時代を生きる上で

もう十分にいろいろなことをお話ししました。**改めて簡単にまとめると、本書は、激動の時代、希望の見えない時代、将来が不安な時代、息苦しく生きづらい時代に、自分は決して恵まれているとはいえない状況にあると思っている人たちに向けて、どう生きていけばいいのかを示しています。**

コロナ禍においてあらゆる格差や社会的課題が噴出していますが、個人でできることもあると私は思っています。１００年以上前に話された自己啓発を力にして、最後に示す参考図書とともに、本書を読んで、少しでも元気を出していただけましたら幸いです。

佐藤優がおすすめする生き方の参考図書

内村が例としてあげた人物はみな古い時代の人ですが、ここに挙げる小説や評論を読み、こんな生き方があるのだと人生の多様性について想像力をふくらませてもらえると、新しい一歩を踏み出すための勇気が出るかもしれません。どれも読みやすい文章です。

小説

『ダイアモンドは傷つかない』
三石由起子

予備校教師と不倫する女子大が自分の生き方をつかみとるまで。藤田敏八監督、田中美佐子主演の映画も秀逸。
（講談社文庫）

『私という運命について』
白石一文

バブル崩壊後の総合職女性の生き方を描く。永作博美主演でドラマ化もされている。
（KADOKAWA／角川文庫）

『狭小住宅』
新庄耕

組織の不条理、不動産営業の実体がわかる。（集英社文庫）

『暗い絵』
野間宏

第二次世界大戦の日本の閉塞感にみちた日々、特高（思想を取り締まる警察）の恐怖。現代の閉塞感に通じる。（講談社文芸文庫）

『イソップ寓話集』

子供向けの人生訓話として有名だが、実は奴隷としての一般民衆が生きのびるための道徳、処世術が描かれている。（岩波文庫）

評論

『賃銀・価格および利潤』
カール・マルクス

マルクスの経済学の肝「労働力商品化」をマルクス自身が解説したもの。（岩波文庫）

『人新世の「資本論」』
斎藤幸平

これからの時代の資本主義について考察。著者は新進気鋭の経済学の研究者。（集英社新書）

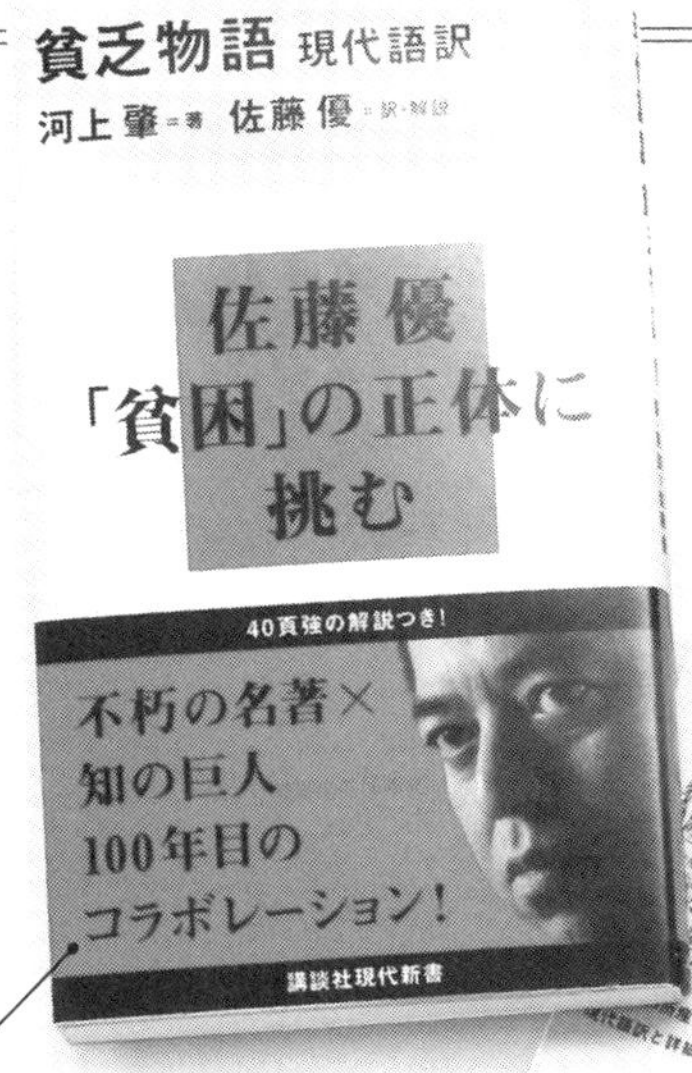

『貧乏物語』
河上肇

第一次大戦後の日本の産業化の進展の背後にある貧困について明らかにした評論。岩波文庫から出ているが、言葉遣いが難しいと感じたら、私が現代語訳した『現代語訳　貧乏物語』（講談社現代新書）を試してほしい。

『三酔人経綸問答』
中江兆民

明治時代に日本の進むべき道を示した啓蒙書。（岩波文庫）

自己啓発書 エッセイ

『読書について』
ショウペンハウアー

読書は他人の頭で考えることでしかない、必要なのは自分の頭で考えることでは、と問いかける。（岩波文庫）

『読書術』
加藤周一

教養の鉄人のような著者による実践的な本の読み方の指南書。（岩波現代文庫）

『頭の体操』
多湖輝

1966年刊だがいまだに古びない思考力を鍛えるためのパズル本。『頭の体操BEST』（多湖輝／光文社）というベスト版もある。

『夢をかなえるゾウ』
『人生はニャンとかなる！』
水野敬也

2冊セットでおすすめしたい自己啓発の王道。本書と言わんとしていることが似ている。（文響社）

内村《うちむら》鑑三《かんぞう》

１８６１年生まれ、１９３０年没。思想家。父は高崎藩士。札幌農学校卒業後、農商務省等を経て米国へ留学。帰国後の明治23年（１８９０）第一高等中学校嘱託教員となる。24年教育勅語奉戴式で拝礼を拒んだ行為が不敬事件として非難され退職。以後著述を中心に活動した。33年『聖書之研究』を創刊し、聖書研究を柱に既存の教派によらない無教会主義を唱える。日露戦争時には非戦論を主張した。主な著作は『代表的日本人』、『余は如何にして基督信徒となりし乎』など。

内村鑑三が生きた時代

西暦	年齢（数え年）	内村鑑三略年表	社会での主なできごと
1861（万延2）	1歳	江戸小石川の高崎藩藩邸に生まれる	
1868（明治1）			江戸幕府廃止、明治新政府成立
1877（明治10）	17歳	札幌農学校に入学	
1878（明治11）	18歳	キリスト教の洗礼を受ける	
1884（明治17）	24歳	アメリカへ渡る	
1885（明治18）	25歳	アマースト大学入学	
1887（明治20）	27歳	アマースト大学卒業。ハートフォード神学校入学	
1888（明治21）	28歳	帰国	
1889（明治22）	29歳	横浜かずと結婚	大日本帝国憲法発布
1891（明治24）	31歳	「不敬事件」を起こし退職。妻かず死去	
1892（明治25）	32歳	岡田しづと結婚	
1894（明治27）	34歳	娘ルツ誕生。箱根にて「後世への最大遺物」講演。 Japan and the Japanese （『日本及び日本人』、のち『代表的日本人』）刊行	日清戦争開戦
1895（明治28）	35歳	How I Became a Christian （『余はいかにしてキリスト教徒となりしか』）刊行	
1897（明治30）	37歳	『後世への最大遺物』刊行	
1903（明治36）	43歳	日露開戦をめぐり非戦論を唱える	
1904（明治37）			日露戦争開戦
1912（明治45）	52歳	娘ルツ死去	
1914（明治47）			第一次世界大戦開戦
1930（昭和5）	70歳	3月28日、死去	

参考文献

『後世の最大遺物』内村鑑三（岩波文庫）
『代表的日本人（いつか読んでみたかった日本の名著シリーズ４）』内村鑑三、
齋藤慎子翻訳（致知出版社）
『日本大百科全書（ニッポニカ）』（小学館）
『百科事典マイペディア』（平凡社）
『ブリタニカ国際大百科事典』
『ブリタニカ国際大百科事典 小項目事典』
『世界大百科事典 第２版』（平凡社）
『20世紀西洋人名事典』（日外アソシエーツ）
『20世紀日本人名事典』（日外アソシエーツ）
『現代外国人名録２０１６』（日外アソシエーツ）
『旺文社日本史事典 三訂版』（旺文社）
『大辞林 第三版』（三省堂）
『デジタル版 日本人名大辞典 +Plus』（講談社）
『デジタル大辞泉』（小学館）
厚生労働省 大臣官房統計情報部「第19回生命表（完全生命表）」
https://www.mhlw.go.jp/toukei/saikin/hw/life/19th/gaiyo.html#top

本書には、一部、現代の常識や人権意識に照らして不適切な表現や語句、差別的表現が見られる部分がありますが、執筆当時の時代的背景と資料的意義を考慮し、削除せず掲載しておりますことをご了承下さい。

解説

佐藤優

さとうまさる

作家、元外務省主任分析官。1960年、東京都生まれ。同志社大学大学院神学研究科修了後、外務省入省。現在は、執筆活動に取り組む。『国家の罠』(新潮社)で毎日出版文化賞特別賞受賞。『自壊する帝国』(新潮社)で新潮ドキュメント賞、大宅壮一ノンフィクション賞受賞。おもな著書に『国家論』(NHKブックス)、『私のマルクス』(文藝春秋)、『世界史の極意』『大国の掟』『国語ゼミ』(NHK出版新書)など。『十五の夏』(幻冬舎)で梅棹忠夫・山と探検文学賞受賞。ほかにも著書多数。

人生、何を成したかより
どう生きるか

２０２１年２月24日　第１刷発行

著者　内村鑑三
解説　佐藤優
構成　奥田由意
装丁　水戸部功
写真　土居麻紀子
本文デザイン　小寺練
本文イラスト　SANDER STUDIO
本文組版　株式会社キャップス
編集　野本有莉
発行者　山本周嗣
発行所　株式会社文響社
〒１０５‐０００１
東京都港区虎ノ門２‐２‐５　共同通信会館９Ｆ
ホームページ　https://bunkyosha.com
お問い合わせ　info@bunkyosha.com
印刷・製本　中央精版印刷株式会社

ISBNコード：978-4-86651-342-3 Printed in Japan
この本に関するご意見・ご感想をお寄せいただく場合は、郵送またはメール（info@bunkyosha.com）にてお送りください。